JOSEF DANKO

Lichtstrahlen in den Tag

DER SONNENGESANG DES HEILIGEN FRANZISKUS

PALLOTTI-VERLAG FRIEDBERG

Druckerlaubnis erteilt:
Friedberg, 4. Oktober 2006
P. Hans-Peter Becker SAC, Provinzial

Gestaltung: Atelier Lehmacher, Friedberg (Bay.)
Druck: Rösler GmbH & Co KG, Augsburg
Printed in Germany
ISBN: 3 - 87614 - 071 - 4
ISBN: 978 - 3 - 87614 - 071 - 1

***O Herr,
mach mich zum Werkzeug deines Friedens,***

*dass ich Liebe übe, wo man sich hasst,
dass ich verzeihe, wo man sich beleidigt,
dass ich verbinde, da, wo Streit ist,
dass ich die Wahrheit sage,
wo der Irrtum herrscht,
dass ich den Glauben bringe,
wo der Zweifel drückt,
dass ich die Hoffnung wecke,
wo Verzweiflung quält,
dass ich ein Licht anzünde,
wo die Finsternis regiert,
dass ich Freude mache,
wo der Kummer wohnt.*

***O Herr,
mach mich zum Werkzeug deines Friedens.***

Die Schöpfung singt das Lob des Schöpfers

Als Franziskus geboren wurde, „kam der Frühling Jesu Christi in die Welt zurück“ (Leonardo Boff). Er verstand sich als demütiger Bruder aller Lebewesen. Nicht über den Dingen wollte er stehen, sondern mit ihnen sein.
Alle Geschöpfe sind ihm deshalb Brüder und Schwestern - so die bekannte Botschaft des Franz von Assisi (1181/1182 - 1226). Den Blumen predigte Franziskus und lud sie ein, den Herrn zu loben. Feld und Weinberg, Quelle, Baum und Kräuter, Erde und Feuer, Luft und Wind erinnerten ihn an die Liebe Gottes. Er wird nicht müde, alle Geschöpfe „Bruder und Schwester“ zu nennen.
So wundert nicht, dass viele Geschichten von Franziskus erzählt werden, - einige von ihnen wohl gut erfunden, - wo er den belebten und unbelebten Geschöpfen offen und rein begegnet, mit ihnen spricht und sie in sein Herz aufnimmt.
Einstmals machte sich Franziskus auf, um in einem Flecken namens Savurniano zu predigen. Aber auf dem freien Platz übertönte das Gezwitscher der Schwalben seine Stimme. Darum befahl er ihnen, sich still zu verhalten, bis er seine Predigt beendet hätte. Und siehe da, das Schwalbenvolk gehorchte seinem Wort.
Auf dem weiteren Weg spielt dann die bekannte Geschichte, wie Franziskus den Vögeln predigt und sie segnet. Thomas von Celano hat sie in seiner ersten Lebensbeschreibung notiert.

Auf seinem Weg durchs Spoleto-Tal - es war zur Zeit, als schon viele sich den Brüdern angeschlossen hatten - kam der hochselige Vater Franz zu einem kleinen Ort in der Nähe von Bevagna.

Da hatte sich eine große Schar von Vögeln verschiedenster Art angesammelt: Tauben, kleine Krähen, Dohlen. Als Franz sie erblickte, ließ er seine Gefährten zurück und lief zu den Vögeln hin, zu seinen „Schwestern". Hatte er doch ein überschäumendes Herz voller Liebe selbst zu den niederen und vernunftlosen Geschöpfen. Als er schon recht nahe bei ihnen war, und es so aussah, als wenn sie ihn erwarteten, rief er ihnen seinen gewohnten Gruß zu (nämlich: „Friede sei mit euch!"). Aber wie staunte er, dass sie nicht auf und davon flogen. Er war außer sich vor Freude und bat sie demütig, Gottes Wort anzuhören.

Und er sagte ihnen:„Meine Brüder und Schwestern Vögel, wie müsst ihr euren Schöpfer loben und lieben, der euch Federn als Gewand, Fittiche zum Fliegen und alles gegeben hat, was ihr braucht. Und wie hat er euch unter all seinen Geschöpfen erhöht und in der reinen Luft euch den Lebensbereich geschaffen! Weder sät noch erntet ihr, und doch schützt er euch und lenkt er euch, ohne dass ihr euch um etwas zu kümmern braucht. Da fingen die Vögel zu jubeln an - er und die anderen Brüder haben es selbst erzählt: sie streckten die Hälse, breiteten die Flügel aus und blickten zu ihm hin. Und er ging mitten unter ihnen auf und ab, wobei seine Kutte ihnen Kopf und Flügel streifte. Zum Schluss segnete er sie noch, machte das Zeichen des Kreuzes über sie und erlaubte ihnen weiterzufliegen. Er selbst aber zog mit seinen Gefährten voller Freude weiter und dankte Gott, den alle Geschöpfe demütig lobpreisend verehren. Und da er damals schon einfältig war - nicht von Natur aus, sondern durch Gottes Gnade - fing er an, es sich als Nachlässigkeit vorzuwerfen, weil er nicht schon früher den Vögeln gepredigt habe, da sie doch jetzt so ehrfürchtig Gottes Wort angehört hatten.

Und so kam es, dass er von jenem Tage an alle Lebewesen - Vögel, kriechende Tiere, ja selbst unbeseelte Geschöpfe - immer voll Eifer ermahnte, nur ja den Schöpfer zu loben und zu lieben.
Und Tag für Tag erfuhr er aufs Neue, wie sie ihm gehorchten, sobald er nur den Namen des Erlösers über ihnen angerufen hatte.

In der Dichtung „Sonnengesang“ lobt Franziskus den Schöpfergott für alle seine „Brüder und Schwestern“: die Sonne, den Mond und die Sterne, Wasser und Wind, das Feuer und die Erde, den Tod und das Leben. Vor Gott sind sie eine einzige Familie. Die Vögel mit ihrem lieblichen Gezwitscher sind seine Brüder und Schwestern, aber auch den wilden Wolf von Gubbio nennt er Bruder, pflegt vertraulichen Umgang und versöhnt die Menschen mit ihm.

So wird der Sonnengesang sein Loblied auf Gott, ein Gebet, das inspiriert zum Singen und Weiterbeten. Franz von Assisi verfasste die Verse in altitalienischer Sprache, als er im Herbst 1225 bei San Damiano krank daniederlag. Die Kernstrophen des Sonnengesangs entstanden vermutlich in einer Linie. Weitere Strophen fügte der Heilige später an. Die Zeilen über den Tod wohl im Angesicht des eigenen Todes.

In dieser Verbundenheit von Natur und Mensch und Tier liebten und lieben die Menschen den Franziskus, denn er „redete mit dem Vieh, den Vögeln und den Fischen“ (Konrad Lorenz). Manche Prediger erfahren die Nähe zur Kreatur, indem ihre Predigt manchmal „für die Katz“ ist, weil die Zuhörerinnen und Zuhörer trotz allen Eifers einschlummern. Wenn Forscher heute dabei sind, etwas von der Sprache der Wale und Delphine, der Gorillas und Schimpansen zu erkennen, und wenn Menschen mit ihren Katzen und Hunden sprechen, dann macht Franziskus deutlich: die Geschöpfe, mit denen wir leben, ja auch die einfachen Dinge der Natur, sprechen zu uns. Sie können den Menschen zum Lobpreis der Schöpfung anregen, und damit zum Lobpreis und Dank für Gott, den Schöpfer. Dazu will er alle einladen.

Pace e bene! Friede und alles Gute!
P. Dr.h.c. Josef Danko SAC

Der Sonnengesang des Heiligen Franziskus

Il Cantico di Frate sole –
Il Cantico delle Creature

Hier beginnt das Preislied der Geschöpfe,
das der selige Franziskus geschrieben hat
zum Lob und zur Ehre Gottes,
als er krank zu San Damiano lag.

Höchster, allmächtiger und guter Herr,
Dein sind der Lobpreis, die Herrlichkeit
und die Ehre und jegliche Benedeiung.
Dir allein, du Höchster, gebühren sie,
und kein Mensch ist würdig,
Deinen Namen nur zu nennen.

Gelobt seist du, mein Herr, mit all deinen
Geschöpfen, zumal der edlen Herrin,
Schwester Sonne,
denn sie ist der Tag, und spendet das Licht
uns durch sich.
Und sie ist schön und strahlend in großem Glanz.
Dein Sinnbild trägt sie, du Höchster.

Gelobt seist du, mein Herr,
durch Bruder Mond und die Sterne,
am Himmel hast du sie gebildet,
hell leuchtend und kostbar und schön.

Gelobt seist du, mein Herr,
durch Bruder Wind, durch Luft und Wolken,
durch heiteren Himmel und jegliches Wetter,
durch das du deinen Geschöpfen den Unterhalt gibst.

Gelobt seist du, mein Herr,
durch Schwester Wasser,
gar nützlich ist es und demütig
und köstlich und rein.

Gelobt seist du, mein Herr, durch Bruder
Feuer, durch den du die Nacht uns
erleuchtest;
und er ist schön und liebenswürdig
und kraftvoll und stark.

Gelobt seist du, mein Herr,
durch unsere Schwester, Mutter Erde,
die uns ernährt und erhält
und vielfältige Früchte hervorbringt
und bunte Blumen und Kräuter.

Gelobt seist du, mein Herr,
durch jene, die aus Liebe zu dir vergeben
und Krankheit ertragen und Drangsal.
Selig jene, die solches ertragen in Frieden,
denn von dir, du Höchster, werden sie einst gekrönt.

Gelobt seist du, mein Herr,
durch unseren Bruder, den leiblichen Tod;
ihm kann kein lebender Mensch entrinnen.
Wehe jenen, die in schwerer Sünde sterben.
Selig jene, die sich in deinem heiligen Willen finden,
denn der zweite Tod wird ihnen nichts Böses antun.

Lobt und preist meinen Herrn
und erweist ihm Dank
und dient ihm mit großer Demut.

Laudate et benedicete mi signore,
et rengraiate et serviateli cun grande humilitate.

„Im Anfang schuf Gott Himmel und Erde“ (Genesis 1,1) - so beginnt die Bibel in ihren alttestamentlichen Büchern. „Ich glaube an Gott, den Vater, den Allmächtigen, den Schöpfer des Himmels und der Erde“ - so sprechen wir im ersten Satz des Glaubensbekenntnisses. Der Schöpfer-Gott hat die Erde geschaffen, den Kosmos mit den Gestirnen, die Berge und Meere, Pflanzen und Tiere, und ihnen eine lange Zeit der Entwicklung gegeben. Auch der Mensch ist sein Geschöpf. Ihm hat er die Erde anvertraut, damit er sie bebaue und pflege.
„Die Schöpfung bewahren – damit alle leben können.“ heißt der Auftrag an uns. Bewahren kann ich etwas sehr viel leichter, wenn ich es liebe.
Der heilige Franziskus mit seinem Sonnengesang will uns erfreuen, zugleich auch unsere Verantwortung und die Liebe gegenüber der Schöpfung wach halten. Was wir lieben, sollen wir bewahren.

Alle Geschöpfe im Himmel und auf der Erde,
im Meer und in den Tiefen,
sollen Gott loben und ehren.
Denn er ist unsere Kraft und Stärke,
er allein ist gut,
er allein der Höchste,
er allein ist mächtig, wunderbar, herrlich, heilig.
Er sei gelobt und gepriesen
durch alle Zeit bis in Ewigkeit.

Franz von Assisi

Ich fragte die Erde ...

Ich fragte die Erde, und sie sagte: Ich bin nicht dein Gott.
Ich fragte das Meer und den Abgrund, und sie antworteten:
Wir sind's nicht, suche über uns!
Ich fragte den Himmel, die Sonne, den Mond und die Sterne.
Sie antworteten: Wir sind nicht Gott, den du suchst.
Und ich sagte zu ihnen allen:
Sagt mir etwas von ihm!
Und sie antworteten mit einer Stimme:
Er hat uns geschaffen!

Nach Aurelius Augustinus

Ich glaube an die Sonne,
auch wenn sie nicht scheint.

Ich glaube an die Liebe,
auch wenn ich sie nicht spüre.

Ich glaube an Gott,
auch wenn er schweigt.

Wandinschrift aus dem Warschauer Ghetto

Offene Augen für Gottes Schöpfung

Man kann darüber herrlich streiten, was der Natur heute mehr hilft: Indem ich immer wieder darauf hinweise, wie umfangreich die Waldschäden und wie schlimm die Folgen des sauren Regens sind oder wie groß das Ozonloch mittlerweile geworden ist. Oder hilft es mehr: Wenn ich darauf hinweise, welche schönen Dinge in der Natur zu entdecken sind, wenn man sie nur sehen will?

Ich für mich jedenfalls freue mich über das Schöne und weise andere gerne auf das Schöne hin. Dabei hoffe ich, dass der Mensch immer mehr merkt, was er Schönes zu schützen, zu pflegen und zu erhalten hat. Denn wenn ich immer nur das das Negative hinweise, so befürchte ich, dass manche sagen: „Wenn es so aussieht, dann lohnt es sich nicht mehr, etwas zu schützen. Also, macht nur weiter so!"
Vor Jahren hatte ich für unser Bildungshaus den Tierfilmer Heinz Sielmann zu einem Vortrag eingeladen. Er erzählte, dass er oft viele Wochen und Monate braucht, um gute Aufnahmen filmen zu können. Seine Filme öffnen uns die Augen und geben uns Einblick in das Leben der Tiere: Ob das nun Gazelle und Elefant in Afrika ist, oder Wildschwein und Sperling bei uns. Man lernt bei ihm das Staunen über alles, was es in der Natur gibt!

Jeder braucht für Gottes Schöpfung offene Augen, offene Ohren und viel Geduld. Denn nicht alle Meisen sind so zutraulich wie jene im Kurpark von Bad Orb. Dort legen die Kurgäste nur ein paar Körner auf ihre ausgestreckte Hand und innerhalb einer Minute kommen die Vögel geflogen und picken die Körner von der Hand.

Für einen Blumenstrauß genügen oft einfache Wiesenblumen. Schon am Feldrand stehen sie zu unserer Verfügung. Sie sind farbenprächtig, schön und es gibt sie umsonst. Viele kleine Blüten in schönen Farben.
Wer erinnert sich, dass es im Frühjahr riesige Wiesen voll gelben Löwenzahns zu sehen gibt. Später den blühenden gelben Raps. Und im Urlaub kann man Getreidefelder erblicken, in denen roter Mohn und die blaue Kornblume blühen. Dann in der Pfalz noch große Felder mit schönen gelben Sonnenblumen. Es sind Farben, die dem Auge und dem Herzen gut tun.

Unbefangen haben unsere Vorfahren im Glauben unsere Schöpfung gelobt. Der Dichter Paul Gerhardt etwa mit dem Lied:

„Geh aus, mein Herz und suche Freud
in dieser lieben Sommerzeit
an deiner Gottes Gaben:
Schau an der schönen Gärten Zier
und siehe, wie sie mir und dir
sich ausgeschmücket haben.

Die Bäume stehen voller Laub,
das Erdreich decket seinen Staub
mit einem grünen Kleide;
Narzissus und die Tulipan,
die ziehen sich viel schöner an
als Salomonis Seide."

Es gibt noch ein anderes bekanntes Lied, das einen ähnlichen Inhalt hat: „Wer recht in Freuden wandern will ...“, wovon die zweite Strophe heißt:

„Die ganze Welt ist wie ein Buch,
darin uns aufgeschrieben,
in bunten Zeilen manch ein Spruch
wie Gott uns treu geblieben.
Wald und Blumen nah und fern
und der helle Morgenstern
sind Zeugen von seinem Lieben.“

Es sind uns allen wirklich offene Augen und ein offenes Herz für Gottes Schöpfung zu wünschen. Wenn wir so offen sind, dann werden wir Gottes Schöpfung sicher auch schützen.

Josef Danko

Wenn alle Blüten Frucht tragen

Blütenträume
in der Fülle der Blüten
im Frühjahr.

Manche Zweige werden brechen,
wenn alle Blüten Frucht tragen.

Die Ernte im Herbst zeigt:
Sie ist gut,
weil nicht alle Blüten
ihren Traum von Frucht und Ernte
verwirklichen konnten.

Josef Danko

*Höchster, allmächtiger
und guter Herr,
Dein sind der Lobpreis,
die Herrlichkeit
und die Ehre und
jegliche Benedeiung.
Dir allein, du Höchster,
gebühren sie,
und kein Mensch ist würdig,
Deinen Namen nur zu nennen.*

Jesus hat es nicht mit der Theorie. Er lässt seine Jünger einfach seine Gebetspraxis von Stille, von Lob und Dank erleben und gibt ihnen seine Gebetserfahrung weiter. Die Reaktion der Jünger: „Herr, lehre auch uns beten!" Der heilige Franziskus lässt uns in seinem Leben und durch seine Geschichten ebenfalls seine Gebetspraxis erfahren: Du kannst Gott loben und preisen beim Anblick der einfachen Dinge in der Natur. Sie führen dich zur Erkenntnis Gottes und damit zum Beten.

Anregungen und Erfahrungen mit dem Beten finden sich für uns bei den Heiligen der Jahrhunderte. Manchmal leuchtet Erkenntnis auf an recht ungewohnten Orten, an Wanderwegen und Pilgerstraßen, in der Literatur, beim Hören und Betrachten, beim Stillewerden. Solche Erfahrung hat sich niedergeschlagen in der Volksweisheit. Die Gebrüder Grimm haben in ihrer Sammlung von Geschichten etwas über das Beten aufnotiert. Dabei kommt dieses Wort gar nicht vor.

Vielleicht haben sie ans Beten und Meditieren gar nicht gedacht - wer weiß?

In der Geschichte „Der goldene Schlüssel“ sehe ich jedenfalls eine Art „Schlüssel-Geschichte“, die etwas vom Beten verstehen lässt.
Zur Winterszeit, als tiefer Schnee lag, musste einmal ein armer Junge hinausgehen und Holz auf einem Schlitten holen. Wie er genug zusammen gesucht und aufgeladen hatte, machte er sich auf den Heimweg. Zuerst aber wollte er noch ein Feuer anmachen und sich daran ein bisschen wärmen. Er scharrt den Schnee weg. Und wie er so den Erdboden herrichtet, findet er einen kleinen, goldenen Schlüssel. Nun glaubt er, wo der Schlüssel ist, müsse auch das Schloss dazu sein. Er gräbt in der Erde und findet ein eisernes Kästchen. Wenn der Schlüssel nur passt, denkt er, es sind gewiss kostbare Sachen in dem Kästchen. Er sucht, aber es ist kein Schlüsselloch da. Endlich entdeckt er eins. Aber es ist so klein, dass man es kaum sehen kann. Er probiert, und der Schlüssel passt glücklich. Da dreht er einmal herum ... und nun müssen wir warten, bis er ganz aufgesperrt hat und den Deckel aufmacht. Dann erst werden wir wissen, was für wunderbare Sachen in dem Kästchen liegen ...

Hier hört die Geschichte auf und wird zu einer „unendlichen Geschichte“ vom Suchen und Hoffen und Finden. Die Lesenden erfahren das Geheimnis nicht. Alle müssen die Geschichte für sich selber zu Ende führen und mit dem goldenen Schlüssel das Kästchen öffnen. Dann können sie den Schatz, hier den Schatz des Gebetes und der Meditation, heben und werden bereichert.
Denn mitten in der Alltagsarbeit findet sich auf einmal ein Schlüssel. Wer ihn gefunden hat, muss aber weiter

Tür und Tor:

noch geschlossen,
aber Verheißung auf Öffnen.
ein Januss-Gesicht zeigt jedes Tor.
mit Drinnen und Draußen,
mit Schlüsselrecht und Klingelzwang,
mit Eingesperrtsein und Ausgesperrtsein
je nachdem, wo der Schlüssel steckt.

Tür und Tor
ist jeder Mensch für den anderen,
bietend Zugang
oder verschließend Zugang.

Schön wenn die Einladung gilt:
"Porta patet, magis cor-
Die Tür steht offen,
aber mehr noch das Herz".

Josef Danko

R.O.J.N.
1990

suchen und nicht nachlassen, dann findet sich auch ein Schatzkästchen dazu. Das kann mancherlei sein: ein Sonnenstrahl, ein Sonnenaufgang in den Bergen. Da lässt sich der Wind beobachten, wie er ein Segelboot im Bodensee vorantreibt. Schöne Steine in einem Bergbach erfreuen Auge und Herz. Das kann ein Traktor mit Anhänger und einem Berg von frisch gedroschenen Weizenkörnern sein oder ein Weinberg mit seiner Fülle von roten Trauben. Da geht der Seele mehr auf als mit den Augen zu sehen ist. Durch beständiges, aufmerksames und geduldiges Schauen kommt man zu sogar Erkenntnissen, die etwas über Gott aussagen. Franziskus hilft uns, auf die Schöpfung zu schauen und in ihr den Schöpfer zu entdecken und zu erkennen.

„Die Himmel rühmen die
Herrlichkeit Gottes." (Ps 19, 1)
Wir rühmen und preisen dich,
du unser Gott,
der du dich zeigst
unseren Augen und allen
Sinnen,
unseren Herzen und unserem
Spüren,
unserem Denken und Fühlen.

„Ihr Berge und ihr Hügel,
lobet den Herrn." (Ps 148, 9)
Ihr Wiesen und Weiden,
ihr Gräser und Blüten,
lobet den Herrn.
Ihr Hummeln und Bienen,
ihr Käfer und Grillen,
lobet den Herrn.
Ihr Vögel in der Luft,
und ihr Tiere auf der Erde,

lobet den Herrn.
Ihr Jungen und Alten,
ihr Frauen und Männer,
ihr Kleinen und ihr Großen,
ihr leichtfüßigen Kletterer
und ihr Freunde der
Bergbahnen,
lobet den Herrn.

„Herr, wie zahlreich sind deine
Werke!
Mit Weisheit hast du sie alle
gemacht." (Ps 104, 24)
Die Schöpfung ist deiner
Spuren voll,
wir rühmen und preisen dich,
wir danken dir, du unser Gott.

Josef Danko

Die alten Chroniken berichten, dass der umbrische Heilige in den letzten Lebensjahren sich immer mehr in die Stille der Berge und Wälder außerhalb bewohnter Gebiete zurückzog, um stundenlang, oftmals sechs oder acht Stunden am Tag, im Gespräch mit Gott, im Gebet verbunden zu sein. Immer mehr zog sich Franziskus, je mehr er seine Jesusnachfolge vertiefte, aus der kulturellen Welt, selbst aus den Angelegenheiten und „Geschäften" des eigenen, rasch aufblühenden Ordens, zurück, um in der Natur, „Auge in Auge" mit der Schöpfung dem göttlichen Schöpfer selber zu begegnen. Franziskus fand von den künstlichen Elementen der Menschenwelt immer mehr zu den naturalen Elementen der Gotteswelt. Sein großer

Lobgesang auf den Kosmos, der „Sonnengesang“ ist ein einziges und einzigartiges Liebeslied für „den einen Gott“. Wind, Sonne, Feuer, Wasser, Erde, Luft, diese Urelemente der Schöpfung, in ihnen fand Franziskus immer mehr sein eigenes „Nichts“, umgekehrt aber die Urgewalt der Schöpferkraft Gottes.
Äußerlich geht der Mensch langsam zugrunde, innerlich wird der geistliche Mensch immer mehr von Gottes Wesen erfüllt, immer mehr auferbaut durch Gottes Kraft und Stärke. Das ist Denken und Fühlen des Franziskus.

Von den Naturelementen der einzelnen Strophen des Sonnengesangs ließ sich Franziskus nicht nur äußerlich berühren: das gleißende Sonnenlicht; der leicht über die Haut streichende und kühlende Sommerwind; der Wind, der alles Schwere davon trägt und Blütenblätter oder Samen taumelnd durch die flirrende Luft tanzen lässt; der dunkle, schwere Erdboden, der besonders nach einem Regen betörenden Duft verbreitet; zugleich ein Duft nach Modrigkeit, Sterblichkeit, der an Vergänglichkeit denken lässt.
Gewiss schaute Franziskus in den vielen Gebetsnächten hinauf zum wundervollen Sternenhimmel und sah die vielen blinkenden Himmelslichter am dunklen Nachtgewölbe. Sternenfeuer, gezähmt und gebändigt durch die Kraft des Schöpfers. Franziskus war sicherlich unendlich begeistert von der Pracht des Sternenhimmels. Über dreihundert Jahre später im verwandten und nahen Spanien schrieb ein anderer großer Heiliger, nämlich Johannes vom Kreuz, tiefe Gebete und größte Gedichte unter Olbäumen in warmen Sommernächten Andalusiens. In der Reinheit und Klarheit des Wassers erkannte dieser Jesusjünger seinen eigenen Lebensweg wieder. Wie sich sein eigenes Leben erst

geklärt hat, wie sich sein besonderer Auftrag, sein Wesenskern, seine Jesusliebe erst herausgeschält hat, wie er alles Unwesentliche des Lebens, alles Irdisch-Vergängliche immer mehr hinter sich gelassen hat. Als hätte das Taufwasser, sprich: die Gnade Christi von Leben, Gestalt und Persönlichkeit des Franziskus alles Un-Göttliche weggewaschen und abgeschwemmt.
Diesem „Francesco“ wird auch eine unendliche Sanftmut und Milde nachgesagt. Wenn ich mich selber an einen kleinen Bach setze, und das über kleine Felsvorsprünge unaufhörlich rinnende Wasser anschaue, spüre ich etwas von der leisen Kraft dieses Wassers: wie es mit seiner reinen Sanftmut unmerklich die Steine abschleifen und in seinem Sinn beeinflussen kann. Am „Sonnengesang“ des Franziskus erkenne ich, dass wir unsere Erkenntniskraft - und damit unseren Glauben - nicht allein auf die „großen Dinge“ beschränken sollten.
Oft genug ist das „Kleine“ das Aufregende im göttlichen Schöpfungswerk.

Jürgen Benisch

Hilfe für Unsichtbares

Die sichtbaren Dinge
sollen den Menschen anleiten,
Dich, Gott, zu lieben.
Nicht als ob Du sie
nötig hättest,
sondern weil wir sie
notwendig brauchen.

Hl. Vinzenz Pallotti

Gelobt seist du, mein Herr,
mit all deinen Geschöpfen,
zumal der edlen Herrin, Schwester
Sonne, denn sie ist der Tag,
und spendet das Licht uns durch sich.
Und sie ist schön und strahlend
in großem Glanz.
Dein Sinnbild trägt sie, du Höchster.

Der Blick hinauf zur Sonne richtet die Menschen auf. Das Auge geht unwillkürlich nach oben. Der Rücken streckt sich. Einen Hymnus an die Sonne kannte bereits das alte Ägypten in der Zeit der Pyramiden um 1350 vor Christus: den Sonnenhymnus des Echnaton: *„Schön erscheinst du im Horizonte des Himmels, du lebendige Sonne, die das Leben bestimmt! Du bist aufgegangen im Osthorizont und hast jedes Land mit deiner Schönheit erfüllt. Schön bist du, groß und strahlend, hoch über allem Land. Deine Strahlen umfassen die Länder bis ans Ende von allem, was du geschaffen hast ... Deine Strahlen säugen alle Felder - wenn du aufgehst, leben sie und wachsen für dich. Du schaffst die Jahreszeiten, um alle deine Geschöpfe sich entwikkeln zu lassen - den Winter, um sie zu kühlen, die Sommerglut, damit sie dich spüren. Du hast den Himmel fern gemacht, um an ihm aufzugehen und alles zu schauen, was du geschaffen hast ...“*

Viele tausend Jahre später greift die Arbeiterbewegung das Licht der Sonne auf, und es wird daraus ein Lied

Fallendes Wasser

Geradezu ein Wunderwerk
dieses fließende und fallende Wasser.
Er kann sich nicht satt sehen,
denn es fließt und fließt.
Ohne Ende scheint die Gabe Gottes.
Wer in der wasserarmen Wüste lebt,
schaut und staunt und sinniert,
ob es nicht doch mal endet
das Fließen des Wassers.

Er reißt sich los vom Anblick,
aber es fließt verströmend weiter.

Noch lange bleibt dieses Geräusch
im Ohr seiner Erinnerung.

Josef Danko

der Ermutigung zum Kampf um die Arbeitsrechte: „Brüder, zur Sonne, zur Freiheit, Brüder zum Lichte empor. Hell aus dem dunklen Vergangnen leuchtet die Zukunft hervor."

Licht braucht der Mensch, um nicht zu verkümmern. Wer etwas verloren hat, benötigt Licht, um das Verlorene zu suchen und zu finden. So sucht ganz verzweifelt ein Betrunkener unter einer Laterne nach irgendetwas. „Was suchen Sie denn, lieber Mann?" fragt ein hilfreicher Zeitgenosse.
„Meinen Schlüssel suche ich."
Sie suchen miteinander.
Nach einiger Zeit fragt der Helfer: „Sind Sie sicher, dass Sie den Schlüssel hier verloren haben?"
Der Betrunkene: „Nein. Verloren habe ich ihn dort drüben. Aber dort ist kein Licht zum Suchen!"

Die junge Christenheit sah bald in der aufgehenden Sonne ein Bild des auferstandenen Christus. Nikolaus Hermann dichtete (1560): „Die Sonn, die Erd, all Kreatur, / alls, was betrübet war zuvor, / das freut sich heut an diesem Tag ..." Friedrich Spee dichtete später (1623): „Der Sonnenschein kommt jetzt herein, - und gibt der Welt ein' neuen Schein".
Da hatte in späterer Zeit ein Pfarrer ein Buch geschrieben, das er König Friedrich Wilhelm III. überreichte. Der fragte nach dem Inhalt dieses Werkes. Darauf warf sich der Pfarrer in die Brust und sagte: „In diesem Buch habe ich das Dasein Gottes zu beweisen gesucht." Friedrich Wilhelm gab in seiner knappen Sprechweise die einzig richtige Antwort: „Auch schon versucht, das Dasein der Sonne zu beweisen?"

Lass die Sonne in dein Herz
schick' die Sehnsucht himmelwärts
gib dem Traum ein bisschen Freiheit
lass die Sonne in dein Herz.

Manchmal bist du traurig und weißt nicht warum
tausend kleine Kleinigkeiten machen dich ganz stumm.
Du hast fast vergessen
wie es ist
ein Mensch zu sein
doch, du bist nicht allein.

Lass die Sonne in dein Herz
schick' die Sehnsucht himmelwärts ...

Manchmal in den Nächten macht der Zorn dich blind
und Gefühle sterben wie ein Kerzenlicht im Wind.
und der Mut vergeht dir
denn die Angst dringt in dich ein
doch du bist nicht allein.

Lass die Sonne in den Herz
schick' die Sehnsucht himmelwärts ...

Du musst an dich glauben
Mitleid brauchst du keins
und du musst dein Leben lieben
denn du hast nur eins.
niemals mehr im Schatten stehn
geh' ins Licht hinein
Du bist nicht allein.

Lass die Sonne in dein Herz
schick' die Sehnsucht himmelwärts
geh' ins Licht mit offnen Armen
lass die Sonne in dein Herz.

Bert Meinunger

Wer denkt schon daran?

Danke
für die unzähligen
Sonnenstrahlen
einen ganzen
heißen Sommer lang.

Danke
für die reife Frucht
in meinen Händen.

Danke
für das kleine
und das große Glück.

Danke
für die Leiden,
die ich nicht wollte
und die mich doch
reif gemacht haben,
gütig, geduldig,
gläubig.

Danke
für jeden Morgen
und jeden Tag.
Danke,
ich denke daran!

Anton Dosenberger

Bei seinem großartigen Lobpreises auf die Schöpfung und den göttlichen Schöpfer findet der heilige Franziskus Dankesworte vor allem für die Sonne, für das Licht. Alle geschöpflichen Wesen, selbst die Natur braucht dieses Sonnenlicht, um ganz und gar das zu werden, was in ihm angelegt ist. Sonnenlicht entfaltet, bringt zum Keimen, Wachsen und Reifen. Ohne Sonne kein Leben auf diesem Erdball. Ohne Sonne nur Kälte, Leere, Nichts.
Ohne Sonne keine Wärme. -
Eine Blume braucht Sonne, um Blume zu werden. Ein Mensch braucht Liebe, um ganz Mensch werden zu können. Hoffentlich finden wir immer wieder Menschen, die uns dem Licht entgegenhalten. Sonnenblumen strecken sich von sich aus dem Licht entgegen. Wir Menschen brauchen andere, die uns ins Licht halten. Vertrauen wir fest darauf: es ist möglich! Komm zum Licht! Vergiss alles Dunkle, Misslungene des gestrigen Tages! Steh auf zu einem neuen Tag voller Sonnenlicht, Herzenswärme und Lebenskraft!
Das Leben des Menschen ist oft genug wie ein dunkler Tunnel. Doch am Ende dieser Dunkelheit wartet auf uns das Licht. In diesem Licht spüren wir: Gott ist schon da, mitten unter uns. Sein Reich, der Himmel auf Erden, hat schon angefangen.

Jürgen Benisch

Lobet den Herrn vom Himmel her,
lobt ihn in den Höhen:

Lobt ihn, all seine Engel,
lobt ihn, all seine Scharen;

lobt ihn, Sonne und Mond,
lobt ihn, all ihr leuchtenden Sterne;

lobt ihn, alle Himmel
und ihr Wasser über dem Himmel!

Loben sollen sie den Namen des Herrn;
denn er gebot, und sie waren erschaffen.

Psalm 148, 1-5

Gelobt seist du, mein Herr, durch Bruder Mond und die Sterne, am Himmel hast du sie gebildet, hell leuchtend und kostbar und schön.

Silbern und kalt, so kennzeichnen die Menschen den Bruder Mond. Unheimlich ist er ihnen manchmal mit seinem fahlen Licht, das durch nächtliche Wolken dringt. Was Wunder, dass dann das Heulen eines Hundes sonderbar klingt, obwohl die Laute doch nur vom braven Hofhund Bello stammen. Über lange Zeit wurden vom Mond aus die Monate und damit das Mondjahr gemessen und manche richten sich nach dieser Zeit sogar fürs Haareschneiden und Zwiebelstecken. Liebespaare gönnen es sich, im Mondschein händehaltend spazieren zu gehen.

Zum Helfen braucht es keinen Mond und keine Sterne. Aber wer hilft, gleicht einem Stern, der Orientierung gibt. So sagte der heilige Albert der Große: „Wer seinem Nächsten zu Hilfe kommt in seinem Leid - es sei geistlich oder weltlich - dieser Mensch hat mehr getan als derjenige, der von Köln bis Rom bei jedem Meilenstein ein Münster errichtet aus reinem Gold, dass darin gebetet und gesungen werde bis zum Jüngsten Tag. Denn so spricht der Sohn Gottes: Ich habe meinen Tod nicht gelitten eines Münsters wegen und auch nicht um des Singens und Betens willen, sondern um des Menschen willen."

Gott hat uns
das Licht gegeben,
vor allem, weil er wollte,
dass wir verlangen,
das unvergängliche Licht,
das Gott selber ist,
ewig zu schauen
und zu betrachten.

Gott hat uns
die Finsternis der Nacht gegeben,
die uns nach der Mühe des Tages
die Ruhe herbeiführt,
auch, um uns
für die ewige Ruhe im Himmel
zu rüsten.

Hl. Vinzenz Pallotti

Er entlockt mir Träume

Der Mond begleitet mich durch enge Gassen.
Im milden Schein verebbt des Tages Hast.
Der Stunden bunte Farben bald verblassen
ins sanfte Grau, das alles nun umfasst.

Die Zinnen und die kleinen Türmchen glühen
vom Licht durchflutet am Damaskustor.
Doch hinter alten Quadersteinen blutet
die Stadt nach Frieden, den sie oft verlor.

Im nahen Park entlockt der Mond mir Träume:
von seinem Glanze Silberfäden wehn
herab auf dunkle, hart verknorrte Bäume,
die wie Propheten aus der Vorzeit stehen.

Du Stadt, wo Gottes Ewigkeiten klingen,
jetzt eingehüllt in Samt aus blauer Nacht.
An ihrem Saum schon sieben Sterne singen
ein Lied für Ihn, der kommt in Seiner Pracht.

Heinz Perne

O Herr der Welt, Dir singe ich.
Alles blüht um mich her,
und die Welt ist gesegnet und voll Freude:
Dir singe ich!
Wie glänzt der Tau, wie jubeln alle die bunten Vögel,
der Gesang der Zwitschernden tönt überall.
Alle singen Dir zu Ehren,
dem Erschaffer des Alls, Dir, der Gott ist.

Du allein bist die Quelle des Gesanges,
denn das Lied wurde im Himmel geboren.
Ach, nur im Himmel lässt seine Stimme strahlen
der liebliche Vogel der Götter,
und die heiligen Vögel jubeln im Wechselgesang
zum Preise dessen, der die Welt geschaffen.

Mein Herz hört die Stimmen,
und ich will alle dunklen Schleier
der Vergangenheit den Winden geben,
damit auch mein Seufzen aufsteigt
in den unendlich leuchtenden Himmel,
hoch hinauf und mitklingt,
wo die gelben Kolibris singen
zum Preise des Gottes der Himmel.

Ach, ich will nicht weinen auf Erden.
Verfällt nicht das Haus irdischer Träume?

Ach, ich weiß, was immer die Erde trägt,
muss enden, wie hier unser Leben endet.
Lass mich singen zu Dir, Du Grund des Alls,
im Himmel möge meine Seele Dir singen,
dass Du sie freundlich ansiehst,
Du, durch den wir leben.

Altmexikanischer Hymnus

In der zweiten Strophe seines "Sonnengesangs" schaut Franz von Assisi zum Himmel auf. Für den großen spanischen Mystiker Johannes vom Kreuz waren im 16. Jahrhundert die warmen Sommernächte Andalusiens der nächste Ort der Gottesbegegnung. Dieser Heilige betete ganze Nächte lang - unter dem Sternenhimmel. Für den deutschen Philosophen Immanuel Kant sind die Himmelssterne der sichtbarste Gottesbeweis, neben der Gewissensstimme in unserer Brust. Für mich persönlich sind die Sterne am Nachthimmel ein Zeichen der Vollkommenheit dieser Welt.
Im Schöpfungsbericht der Bibel heißt es: Gott erschuf das Licht. Er machte die Sonne, den Tag, die Helligkeit. Doch dann, gleich darauf, erschuf Gott auch die Nacht, die Dunkelheit, die Lichtlosigkeit. Doch beides gehört zusammen, untrennbar! Wie könnte der Mensch je glücklich werden, wenn es nicht auch Schmerz und Leid gäbe! Mehr als am Tag denkt der Mensch in der Nacht über sich und sein Menschenlos nach. Jesus verbrachte ganze Nächte im Gebet. Die Dunkelheit der Nacht kann uns schnell an die Wurzeln unserer Existenz führen. Aber auch an die Grenzen unseres Lebens. Denn in der Nacht sind wir alle, genau genommen, allein. Wie gut dass es dann die funkelnden Sterne am Himmelsgewölbe gibt. Sie sind so

etwas wie die leuchtenden Augen Gottes, der auch nachts über uns wacht; dieser gute Hirte Israels, der voller Liebe auf uns achtet, dass unser Fuß ja nicht an einen Stein anstoße.
Mond und Sterne am Himmel sind kostbar und schön, sagt der umbrische Heilige. Ich darf fest im Glauben darauf vertrauen: auch die dunkle Seite meiner Seele und meines Lebens, versinnbildlicht im „Mond" (Carl Gustav Jung) fängt an zu leuchten und zu strahlen, weil Gott vorbehaltlos „Ja" zu allen Schattierungen meines Wesens und Charakters sagt.

Jürgen Benisch

Gepriesen seist du, mein Herr,
durch Bruder Wind und durch
Luft und Wolken und heiteren
Himmel und jegliches Wetter,
durch welches du deinen
Geschöpfen den Unterhalt gibst.

Es ist Bruder Wind, der Kühlung verschafft in der Hitze des Tages, die Wäsche trocknet, Fahnen flattern lässt und die Segelboote mit seiner Kraft voranbringt. Er treibt Windräder an, kann auch zum Sturmwind werden. Dichterisch drückt es Adalbert Stifter aus:
„Das Große geschieht so schlicht
wie das Rieseln des Wassers,
das Fließen der Luft,
das Wachsen des Getreides."

Wenn der Wind weht
durch die Straßen,
ziehen sie den Mantel fester,
stemmen sich gegen den Druck,
wechseln die Richtung.
Aber sie halten ihm stand.

Wenn der Wind weht
durch das Leben,
bieten sie ihm die Stirn,
hängen sich beieinander ein,

lassen sich nicht treiben
und schimpfen nicht.
Sie trotzen die Richtung ab.

Wenn der Wind weht
und der Sturm bläst,
gehen sie ihren Weg,
sturmdurchblasen und sturmgebeutelt,
wissend um seine Stärke und Macht,
aber bei sich Kräfte sammelnd
zum Widerstand.

Josef Danko

Der goldne Sommer krönt das Jahr.

Geschmückt hat sich die Erde
und bietet ihre Früchte dar:
Tiefgründige Gebärde!

Vom allerersten Anfang an
entfaltet sich das Leben
nach einem wohl bedachten Plan
im Nehmen und im Geben.

Beschenkt hat uns der gute Gott.
Wir wollen uns beeilen,
im Sinne Jesu unser Brot
geschwisterlich zu teilen.

Wer rückhaltlos die Liebe übt,
braucht nicht um sich zu bangen.
Wer freudig und von Herzen gibt,
wird hundertfach empfangen.

Die Welt ist schön. Wir haben Grund,
dem Schöpfer Dank zu sagen
und auf dem ganzen Erdenrund
zum Frieden beizutragen.

Arno Dähling

Ein immerwährender strahlend blauer Himmel wäre auf Dauer für unsere Augen und unsere Seele nicht auszuhalten. Wie wertvoll ist ein mit weißen Wolkenhaufen übersäter Sommerhimmel! Und wie köstlich kann es sein, wenn nach einem schwülheißen Sommertag dunkle Gewitterwolken am Himmel aufziehen, wie erholsam für unseren Leib!
Für unser Leben benötigen wir beides: Sonne und Regen, Wärme und Kälte, Sommerbläue und gewittrige Wolkenberge. Alles „erleichtert" unsere Lebensvorgänge. „Wie aus heiterem Himmel" stürzen Hiobsbotschaften oder Schicksalsschläge über unseren Lebensweg herein. Aus aller Ordnung unseres Lebens, die wir uns vielleicht so mühselig erkämpft haben, fallen wir plötzlich unsanft heraus.
Doch vertrauen wir Gottes „gutem Geist", dass er aus allem Chaos neue Schöpfung machen kann? Franziskus spricht von der Heilkraft des „Windes und der Luft". Sicherlich, der biblische Geist „weht, wo er und wie er will". Doch Gott ist es, der alles Schwere von unseren Schultern nehmen und unser Leben wieder leicht, beschwingt und luftig machen kann. Denn wir wollen doch einst dem Himmel entgegen tanzen können, oder?!

Jürgen Benisch

In jedes Haus,
wo Liebe wohnt,
da scheint hinein
auch Sonn und Mond,
und ist es noch so
ärmlich klein,
es kommt der Frühling
doch hinein.

Volksgut

Gelobt seist du, mein Herr,
durch Schwester Wasser,
gar nützlich ist es und demütig
und köstlich und rein.

Oft redet die Heilige Schrift vom Wasser. Vom lebendigen und fließenden Wasser, vom Wasser, das Leben schenkt, vom Wasser in der Zisterne und aus dem Brunnen, und dann noch vom heiligen Wasser, das der Taufe dient. „Wer von dem Wasser trinkt, das ich ihm geben werde, wird niemals mehr Durst haben; vielmehr wird das Wasser, das ich ihm gebe, in ihm zur sprudelnden Quelle werden, deren Wasser ewiges Leben schenkt ..." (Joh 4, 14)
Ein frischer Trunk Wasser kann zu einem „Werk der leiblichen Barmherzigkeit" werden: „Wer einem von diesen Kleinen auch nur einen Becher frisches Wasser zu trinken gibt, weil es ein Jünger ist - amen, ich sage euch: Er wird gewiss nicht um seinen Lohn kommen." (Mt 10, 42)

Wasser und Durst - immer wieder ein Gegenstand der Werbung. Die Werbung mit dem Wasser kann sogar Hilfe für den Glauben, für Meditation und Predigt sein. Man muss nur den richtigen Blick dafür haben.
Aktuell in heißen Tagen das Thema „Durst". Ein dynamischer Typ (mit Waschbrettbauch) hat die Flasche angesetzt. In einem großen Bogen lässt er das erfrischende Mineralwasser in seine Kehle laufen. „Durst auf Leben" - heißt dazu die Werbebotschaft für diesen sommerlichen Durstlöscher.

Ich freilich sehe darin noch Tieferes angesprochen als nur den Durst, wie er entsteht nach einer sportlichen und schweißtreibenden Leistung.

„Durst auf Leben" - Wasser ist tatsächlich Leben. Nur wenige Tage kann der Mensch existieren ohne jegliche Flüssigkeitszufuhr. Man kann es niemandem raten, dies tatsächlich auszuprobieren. Obwohl menschenverachtende Machthaber bekannt sind, die aus purer Neugierde solche Experimente gemacht haben. Auch wer einen „Hungerstreik" ankündigt, muss trinken. Und er trinkt.

Wasser ist Leben. Da wurden einmal Menschen aus einer Wüstenregion zu einem Wasserfall geführt. Der Fliegerdichter Antoine de Saint-Exupéry berichtet davon. Es war ein Wasserfall - so etwas hatten sie noch nie erlebt! Sie bleiben stehen und betrachten fasziniert den Wasserfall, dieses beständig fließende Wasser, das in Fülle herabstürzt. Ihre westlichen Begleiter drängen sie, endlich weiterzufahren. Sie aber bleiben beharrlich stehen und sagen nur: Wir wollen warten, bis das Wasser aufhört zu fließen. Aber es hörte nicht auf zu fließen. Wasser ist Leben. Es stillt den Durst nach Leben.

In deutschen Landen steht Wasser in Fülle zur Verfügung. Auch wir so genannten zivilisierten Menschen denken über das Wasser mittlerweile anders als noch vor zehn, zwanzig oder dreißig Jahren. Wir wissen zumindest theoretisch, dass wir das Wasser nicht mehr so leichtfertig vergeuden dürfen wie bisher, dass wir das Wasser nicht mehr so bedenkenlos verschmutzen und belasten dürfen wie bisher.

Das Wasser nennt der heilige Franz von Assisi „unsere Schwester“. Er lobt das Wasser und preist es im Namen des Herrn, weil es gar kostbar und köstlich und rein ist. Gott schenkt es uns, das Lebenswasser.

Mal ein Experiment für Sie: Kein Bier, keinen Fruchtsaft, keinen Wein, - nur Wasser aus der Wasserleitung zum Trinken nehmen, zwei oder drei Tage lang. Ein Experiment, das Augen öffnen kann. Wie wär's damit?

Zwei Liter Flüssigkeit soll jeder Mensch am Tag trinken. Mindestens. So empfiehlt es der Arzt. Statistisch verbraucht jeder Bundesbürger mehr als 160 Liter Wasser pro Tag. 16 große Eimer voll. Bei uns haben wir genügend Wasser. Die Gemeinden und Städte sichern die Versorgung mit Trinkwasser. Man kann es recht unbesorgt trinken. Ich lasse es über meine Hände sprudeln, benetze mein Gesicht, wasche mich. Ich koche und trinke ohne Bedenken direkt vom Wasserhahn. Ein Geschenk der Natur ist dieses Wasser. Für diese Gabe darf man wirklich dankbar sein. Jeden Tag, auch heute.

Am hölzernen Geländer
der Brücke im Kurpark stehe ich
und sehe dem Wasser zu,
wie es hüpft und springt,
wie es gluckert und sprudelt,
wie es quirlt und schäumt,
wie es jauchzt und lacht
und sich kringelt in den Wellen,
wie die Sonne sich spiegelt
und Forellen lautlos schwimmen
im klaren, frischen Wasser.
Da bleibe ich weiter

bewegungslos am Geländer lehnen
und freue mich
am Lob des Wassers:
du Wasser, du voll Leben und Lust.

Josef Danko

Quellwasser

Wer niemals dürstete,
weiß der,
was eine Quelle ist?

Wer niemals wundgelaufene,
schmerzende Füße hatte,
weiß der,
wie wohltuend
erfrischendes WASSER sein kann?

Wer niemals durch die Wüste ging,
weiß der
das Glück zu schätzen,
das BRUNNEN heißt?

WIR WAREN IN DER WÜSTE.

Emma Elisabeth Frey

Bote fürs Auge

Du zartes Geschöpf Blüte,
gestreichelt von Sonne und Wind,
geschenkt meinem Auge,
dich zu sehen
und mich an dir zu freuen.

Du Blütenbote des Frühlings,
Hoffnung auf Frucht und Ernte.
Ich gönne dich meinem Blick:
deine Farbe, deine Form
und deine Verheißung
mit verschlossener Knospe, offener Blüte.
Du zartes Geschöpf.

Josef Danko

Ein Becher mit dem Wasser des Lebens

Da kommt eines Tages der Bote Gottes zu einem König und sagt ihm, dass er bald sterben werde, so beginnt eine Geschichte aus Indien. Gleichzeitig bringt der Bote Gottes aber auch den Becher mit dem Wasser des Lebens und sagt: „Wenn Du dieses Wasser trinkst, dann wirst Du leben." Der König sagt: „Das ist eine Frage, die ich mit den Weisen meines Landes beraten muss." Er ruft alle Weisen seines Landes an den königlichen Hof und legt ihnen seine Frage vor. Diese bestürmen ihn, doch den Becher mit dem Wasser des Lebens zu leeren, denn er ist ein guter und gerechter König. Der König fragt: „Ist einer der Weisen meines Landes nicht in dieser Ratsversammlung?" Sie sagen ihm, dass einer nicht gekommen sei, der in einem entfernten Winkel wohnte. Der König bittet, ihn herbeizuholen. Der König legt ihm seine Frage vor. Dieser Weise fragt zurück: „Sollst Du den Becher mit dem Wasser des Lebens allein trinken? Oder sollen Deine Freunde ihn mit Dir trinken?" Der König sagt: „Allein!" Da sagt dieser Weise: „Dann trink ihn nicht, denn ohne Gemeinschaft ist der Mensch tot."

Geschichte aus Afrika

Wasser, lebendiges Wasser,
Wasser, das erfrischt
und Leben gibt.

Mensch und Tier lebt
vom Wasser,
einem Geschenk des Himmels
für Leib und Seele.

Reichlich vorhanden
für die halbe Menschheit,
knapp bemessen
für die andere Hälfte.

Wo es mangelt,
wird es mit Dank benutzt,
beachtet und bewahrt
als Wasser des Lebens.

Du Wasser,
kostbar, köstlich und rein:
wir preisen durch dich
die Kraft Gottes,
der es uns schenkt.

Angelika Pandoka

Einen Augenblick nur

In das glitzernde Wasser schauen
das heitere Spiel der Wellen betrachten
Sonne und Wind haben es gezaubert
und zaubern es immer wieder.
Herr, gib uns einen Augenblick
nur einen Augenblick der Besinnung, der Stille,
wo wir dich ahnen und fühlen
in Wasser und Sonne
in Wind und Wellen
im Atem unseres Leibes
im Sehen unserer Seele.

Anton Dosenberger

Vor meinem Fenster

*Zu jeder Jahreszeit
zeigt sich der Kastanienbaum ansehnlich.
Die braunen, prallen Knospen
nach dem schneereichen Winter,
glänzen wie von Honig überzogen.*

*Im frischen, zarten Grün der Blätter
kommen die christbaumartigen
Blütenständer in zartrot oder weiß.*

*Eines frühen Herbsttages
fallen auf einmal
die stachligen Kugeln auf.
Der Wind schüttelt die glänzend braunen
und harten Früchte auf den Boden.
Da werden Erwachsene wieder zu Kindern.
Sie bücken sich
um ein paar dieser Früchte
und stecken sie glänzenden Auges
in die Tasche.*

Josef Danko

Wundertätiges Wasser

Zum heiligen Vinzenz Ferrer kam einst eine Frau. Sie beklagte sich bitter über ihren Mann: er sei so brummig und jähzornig und sie könne es fast nicht mehr bei ihm aushalten. Der Heilige versprach ihr ein Mittel. „Geht zu unserem Kloster", sprach er „und lass dir etwas Wasser vom Klosterbrunnen geben. Kommt dann dein Mann nach Hause, so nimmst du einen Schluck von diesem Wasser. Behalt es aber vorsichtig im Munde. Dann wirst du Wunder erleben!"

Die Frau tat, was der Heilige befohlen hatte. Als der Mann abends heimkam, begann er sofort wieder mit Schimpfen und Fluchen. Schnell nahm die Frau einen Mund voll von dem geheimnisvollen Wasser und presste die Lippen aufeinander, um ja das Wunderwasser gut im Munde zu behalten. Wirklich! Bald schon schwieg der Mann.
Noch mehrmals wandte die Frau ihr Geheimmittel an: immer wieder der gleiche wunderbare Erfolg! Ihr Mann war seitdem wie umgewandelt. Er gab ihr wieder liebe Worte und lobte ihre Liebe und Geduld.
Mit dem heiligen Vinzenz wissen wir, woher dieses Wunder eigentlich kam. Es war das Schweigen, das alles Gute bewirkt hat.
Ein solches Wasser aber sollten Frauen und auch Männer manchmal nehmen!

Geschichte aus der Tradition

Nur eine Pfütze

In den Spurrinnen auf dem Waldweg steht noch das Wasser. Die Wanderung ist eine nasse Angelegenheit und entsprechend missmutig marschieren wir. Auf einmal stutze ich: In der Pfütze vor mir, mittendrin im weichen Grund - ein Schuhabdruck.
Ein kleiner Schuh ist es! Ich freue mich über diese Beobachtung. Da ist ein Kind mit Absicht und sicher mit viel Vergnügen in diese Pfütze hineingestampft.
Und ich dachte mir: Wir Erwachsenen schimpfen viel zu schnell über das Wetter und ärgern uns. Und können doch nichts daran ändern. Ein Kind macht das Beste daraus. Es freut sich, dass eine Pfütze da ist und dass es ins Wasser hineinstampfen darf, so dass der Abdruck noch Stunden danach zu sehen ist. Für mich war der Regentag auf einmal schön.

Josef Danko

Der heilige Franz dringt immer mehr zum Kern dieser Schöpfung vor. Das „Wasser" und seine geschöpfliche Reinheit hat es ihm angetan. Schau in das stete Plätschern eines Bächleins, in das fröhliche Springen des Wassers über Steine und Felsvorsprünge - und du erkennst die Lebensgesetze dieses Kosmos. Mit ein wenig Wasser lässt sich überleben, selbst in der trostlosesten Wüste. Nur Wasser braucht es eben, Wasser und nochmals Wasser. Ein Großteil dieses Erdballs, der Natur und unseres menschlichen Körpers besteht aus Wasser. Wasser ist das Lebensprinzip Nummer eins. In einem klaren Bergquell kann der Betrachter bis tief auf den Grund schauen.
Wasser führt uns in das Innere des Schöpfungswerk

Gottes. Wasser ist so etwas wie ein Fenster, durch das wir Gott bei seinem ständigen Schöpfungshandeln zuschauen. In der Mythologie der Völker ist „Wasser“ zugleich auch das Sinnbild für das Weibliche, das Gebärende, das „Neues-Leben-Schaffende“. Gelobt seist du, mein Gott, der du ständig Neues in meinem Leben bewirkst! Gott, du bist wie eine gebärende Frau; jedes neue Menschenkind ist eine große Hoffnung für diese Welt. Auch deshalb ist das Wasser als Symbol der Neuschöpfung so wichtig, so nützlich, so demütig auch. Denn das Wasser dient diesem Kosmos und all seinen Geschöpfen.

Jürgen Benisch

Gelobt seist du, mein Herr,
durch Bruder Feuer,
durch den du die Nacht uns erleuchtest;
und er ist schön und liebenswürdig
und kraftvoll und stark.

Mit geradezu magischer Kraft zieht das Feuer den Menschen an. Für die frühen Menschen war es ein erstes Kulturgut: Sie konnten sich am Feuer wärmen, sie konnten kochen und braten, sogar wilde Tiere damit abhalten. Sie mussten aber die Herdfeuer hüten ... Das Kaminfeuer zaubert heute eine gemütliche, warme Atmosphäre herbei.

Mit Begeisterung sitzen wir Heutigen um lebendiges Feuer, erleben eine urtümliche Zeltlageratmosphäre mit Steckenbrot, Geschichten und Liedern. Der Gartengrill versammelt Familie, Freunde und Nachbarn. Ehe die letzte Kartoffel vom Feld heimgeht, wird noch ein Kartoffelfeuer aus den dürren Trieben entzündet und ein paar frisch geerntete Kartoffeln darin gebacken und aus der Hand gegessen.
Wir erleben auch, dass das Feuer schaden kann, wenn etwa der Blitz eingeschlagen hat oder die Dummheit eines Brandstifters lebendig wird. „Wohltätig ist Feuers Macht, wenn sie der Mensch bezähmt, bewacht“, dichtete Friedrich Schiller.

Von der Beziehung, die Franziskus dem Feuer gegenüber hatte, wird eine Reihe von Anekdoten erzählt. Als

Franziskus einmal unachtsam war und das offene Feuer schon seine Kleider erfasste, sagte er zu einem Bruder, der aufsprang, um das Feuer zu löschen: „Geliebtester Bruder, tu dem Feuer nicht weh!"
Ein anderes Mal weigerte sich Franziskus, mitzuhelfen, ein Feuer zu löschen, das seine Zelle zu verbrennen drohte. Er hatte sogar ein schlechtes Gewissen, weil er ein Fell aus der brennenden Zelle rettete, statt es dem Feuer zu gönnen. Ein brennendes Holzscheit durfte nicht auf den Boden geworfen werden. Ganz behutsam sollte man es hinlegen, aus Ehrfurcht Gott gegenüber, dessen Geschöpf das Feuer ist.
„Er nannte alle geschaffenen Dinge und alle Geschöpfe ‚Bruder' und ‚Schwester' und erfasste in einer einzigartigen und für andere ungewohnten Weise mit dem scharfen Blick seines Herzens die Geheimnisse der Geschöpfe; war er doch schon zur Freiheit der Kinder Gottes gelangt" (Thomas von Celano). Franziskus sieht in allem Geschaffenen ein Abbild des Schöpfers, ein Hinweis auf den Erlöser und eine Einladung zum Lob Gottes.

Hilfe auf Gegenseitigkeit

Ein Blinder und ein Lahmer wurden von einem Waldbrand überrascht. Die beiden gerieten in Angst. Der Blinde floh gerade aufs Feuer zu. „Flieh nicht dorthin!" rief der Lahme.
Der Blinde fragte: „Wohin soll ich mich wenden?" Der Lahme: „Ich könnte dir den Weg vorwärts zeigen, so weit du wolltest. Da ich aber lahm bin, so nimm mich auf deine Schultern, damit ich dir angebe, wie du dem Feuer, den Schlangen und Dornen aus dem Weg gehen

kannst, und damit ich dich glücklich in die sichere Stadt weisen kann!“
Der Blinde folgte dem Rat des Lahmen und zusammen gelangten die beiden wohlbehalten in die Stadt.

Märchen aus Indien

Ich zünde das Feuer an

Ich zünde das Feuer an
ohne Hass, ohne Neid,
ohne Furcht vor einem Sterblichen unter der Sonne,
denn meine Zuflucht ist Christus,
der Sohn des lebendigen Gottes.
Gott, so wie dieses Feuer
entzünde in meinem Herzen
die Flamme der Liebe.
Die Flamme der Liebe für meine Feinde, meine Freunde,
meine Verwandten,
für die Einfältigen ebenso wie für die Weisen,
für die Freien wie für die Gebeugten.
Gott, segne mich mit dem Feuer des Lebens.
Segne mich, dreifaltiger Gott.

Feuersegen aus Irland

Und die Rose sprach:

„Sieh mich an!
Für dich habe ich mich schön gemacht;
für dich habe ich den feinsten Duft angelegt;
für dich wiege ich mich sanft im Sommerwind;
für dich schimmert mein Kleid
und glühen meine bunten Farben.

Dass du dich freust.
Dass du glücklich bist -
wenigstens im Augenblick.
Dass du vernimmst nicht nur das Seufzen der
Kreatur, sondern auch ihr Jubeln.

Für dich hat Gott mich geschaffen.
Ob du Mensch, der du keine Zeit mehr hast,
der du in Zahlen, Fakten und Daten verstrickt
bist, das je begreifst?

Würdest du nicht gerade dadurch wieder neu
beginnen zu leben?"

Anton Dosenberger

„Gewaltig und stark“ sind Kennzeichen des Männlichen. Der Heilige aus Assisi weiß um diese Manneskraft des Feuers. Auch im Symboldenken der Menschen ist „Feuer“ in der männlichen Wesenskraft enthalten. Beide, „Wasser“ wie auch „Feuer“ verdeutlichen natürlich das Doppelgesicht dieser Schöpfung: sie schaffen und bewirken Leben. Sie können aber auch Leben zerstören. Einer Feuerwalze oder Wasserflut lässt sich nichts entgegensetzen! Doch Franziskus nimmt den Schatten an, der auf dieser Welt liegt. Er willigt ein und sagt „Ja“ zum Dunklen der Schöpfung. Es gibt kein Gebären ohne Zerstören und kein Zerstören ohne Neu-Gebären. Wir Menschen, besonders wir Christen, haben diese Schatten der Schöpfung anzunehmen als unsere Geschwister, als „Bruder und Schwester“.

Jürgen Benisch

*Gelobt seist du, mein Herr, durch
unsere Schwester, Mutter Erde,
die uns ernährt und erhält
und vielfältige Früchte hervorbringt
und bunte Blumen und Kräuter.*

Mutter Erde, Schwester Erde, Urgrund des Lebens. Die Menschen sehen in der Erde auch heute die Mutter des Lebendigen. Aus der Erde kommen die Gaben zur Eucharistie: „Brot, Frucht der Erde und Wein, Frucht des Weinstocks" und der Mensch fügt seine Arbeit dazu, seine Energie und damit einen Teil seiner Lebenskraft.
„Mutterboden" sagt man zur guten Erde, die geeignet ist fürs Säen und Pflanzen. „Wieviel Erde braucht der Mensch?" fragte der Dichter Leo Tolstoi. Und er erzählte vom unersättlichen Menschen, der immer mehr Land abschreiten wollte, das dann ihm gehören sollte. Nach der vereinbarten Frist eines Tages brach er zusammen. Tot. Nun brauchte er wirklich nur 2 mal 1 Meter Platz in der Erde, mehr nicht.
Staub zu Staub, Asche zu Asche, Erde zu Erde.

Verwurzelt in der Erde

Beim Aufstieg zum Kloster des heiligen Benedikt in Subiaco fielen mir die uralten Steineichen auf: Dicker Stamm, hervorwachsend aus riesigen und kräftigen Wurzeln, kaum Erdreich. Fast eins mit den Kalkfelsen. Und ich beobachtete weiter: Es waren gesunde Bäume,

die hier wuchsen.
„Wenn ein Mensch fest verwurzelt ist“, so sagen wir, „dann wirft ihn so schnell nichts um!“ Der verwurzelte Mensch lebt aus Kräften, die den Augen verborgen sind. Frage: Wo sind Sie verwurzelt? Und woraus beziehen Sie Ihre Kraft?

Liebe

Liebet die ganze Schöpfung Gottes,
die ganze Welt und jedes Sandkörnchen auf Erden!
Jedes Blättchen, jeden Lichtstrahl Gottes habet lieb!
Liebet die Tiere, liebet die Pflanzen, liebet jedes Ding!
Wirst du aber jedes Ding lieben,
dann wirst du auch Gottes Geheimnis in der Welt erahnen.

Fjodor M. Dostojewski

Lobet den Herrn, ihr auf der Erde,
ihr Seeungeheuer und all ihr Tiefen,

Feuer und Hagel, Schnee und Nebel,
du Sturmwind, der sein Wort vollzieht;

ihr Berge und all ihr Hügel,
ihr Fruchtbäume und alle Zedern;

ihr wilden Tiere und alles Vieh,
Kriechtiere und gefiederte Vögel;

ihr Könige der Erde und alle Völker,
ihr Fürsten und alle Richter auf Erden,

ihr jungen Männer und auch ihr Mädchen,
ihr Alten mit den Jungen.

Loben sollen sie den Namen des Herrn;
denn sein Name allein ist erhaben,
seine Hoheit strahlt über Erde und Himmel.

Psalm 148, 7-13

Wir sind ein Teil der Erde

Eines wissen wir, was der weiße Mann vielleicht eines Tages erst entdeckt - unser Gott ist derselbe Gott. Ihr denkt vielleicht, dass Ihr ihn besitzt - so wie Ihr unser Land zu besitzen trachtet - aber das könnt ihr nicht. Er ist der Gott der Menschen - gleichermaßen der Roten und der Weißen. Dieses Land ist ihm wertvoll - und die Erde verletzen heißt ihren Schöpfer verachten.

Auch die Weißen werden vergehen, eher vielleicht als alle anderen Stämme. Fahret fort, Euer Bett zu verseuchen, und eines Nachts werdet Ihr im eigenen Abfall ersticken. Aber in Eurem Untergang werdet ihr hell strahlen - angefeuert von der Stärke des Gottes, der Euch in dieses Land brachte - und Euch bestimmte, über dieses Land und den roten Mann zu herrschen. Diese Bestimmung ist uns ein Rätsel.
Wenn die Büffel alle geschlachtet sind - die wilden Pferde gezähmt - die heimlichen Winkel des Waldes, schwer vom Geruch vieler Menschen - und der Anblick reifer Hügel geschändet von redenden Drähten - wo ist das Dickicht - fort, und was bedeutet es, Lebewohl zu sagen dem schnellen Pony und der Jagd:
Das Ende des Lebens - und den Beginn des Überlebens. Gott gab Euch Herrschaft über die Tiere, die Wälder und den roten Mann, aus einem besonderen Grund - doch dieser Grund ist uns ein Rätsel.
Vielleicht könnten wir es verstehen, wenn wir wüssten, wovon der weiße Mann träumt - welche Hoffnungen er seinen Kindern an langen Winterabenden schildert - und welche Visionen er in ihre Vorstellungen brennt, so dass sie sich nach einem Morgen sehnen.
Aber wir sind Wilde - die Träume des weißen Mannes sind uns verborgen. Und weil sie uns verborgen sind, werden wir unsere eigenen Wege gehen. Denn vor allem schätzen wir das Recht eines jeden Menschen, so zu leben, wie er selber es wünscht - gleich wie verschieden von seinen Brüdern er ist.

Aus der Rede des Häuptlings von Seattle an den Präsidenten der Vereinigten Staaten von Amerika im Jahre 1855

Behüte uns Herr

Herr, unser Gott und Gott unserer Väter,
möge es Dein Wille sein,
uns auf der Erde in Frieden zu leiten,
unsere Schritte auf den Weg des Friedens zu richten,
und uns wohlbehalten
zum Ziel unseres Lebens zu führen.
Behüte uns vor aller Gefahr,
die uns auf dem Weg bedroht.
Bewahre uns vor Unfall und vor Unglück,
das über die Welt Unruhe bringt.
Segne die Arbeit unserer Hände.
Lass uns Gnade und Barmherzigkeit
vor Deinen Augen finden;
Verständnis und Freundlichkeit bei allen,
die uns begegnen.
Höre auf die Stimme unseres Gebetes.
Gepriesen seist du, o Gott,
der Du unser Gebet hörst und erhörst.

Nach einem alten jüdischen Reisegebet

Dem Wachsen nachhelfen?

Ein Bauer war enttäuscht über das langsame Wachstum seiner Getreidepflanzen. In seiner Ungeduld begann er an den Halmen zu zerren. Als er am Abend nach Hause zurückkehrte, seufzte er: „Ich bin todmüde; den ganzen Tag habe ich damit zugebracht, dem Getreide beim Wachsen zu helfen."
Seine Söhne rannten aufs Feld, um zu sehen, was er getan hatte. Sie fanden lauter Halme, die bereits verdorrt, gelb und schlaff waren.

Schon im alten Rom überliefert

Das Sorgen des alten Mannes

Ein König, den das ganze Volk auch den Gerechten nannte, wanderte einst durch sein Reich, so weiß eine Geschichte. In einem Garten sah er einen alten Mann mit gekrümmtem Rücken arbeiten. Gefolgt von seinem Hofstaat, trat der König näher und sah, dass der Alte kleine Stecklinge pflanzte, die gerade ein Jahr alt waren. „Was machst du da?“ fragte der König. „Ich pflanze Nussbäume“, antwortete der Greis. Der König wunderte sich: „Du bist schon so alt. Wozu pflanzt du dann Stecklinge, deren Laub du nicht sehen wirst, in deren Schatten du nicht ruhen und deren Früchte du nicht essen wirst?“ Der Alte schaute auf und sagte: „Die vor uns kamen; haben gepflanzt, und wir konnten ernten. Wir pflanzen nun, damit die, die nach uns kommen, auch ernten können.“

Die morgenländische Weisheit drückt erzählend und fabulierend aus, was wir als „Generationenvertrag“ bezeichnen.

Preiset Gott

Ich lade alle Geschöpfe ein,
die unendliche Vollkommenheit
und Güte Gottes
zu bewundern, sie zu loben und zu preisen.

Hl. Vinzenz Pallotti

Der heilige Franziskus lobt die Erde als unser aller „Mutter“. Doch wir sind dabei, diese gute Muttererde zu zerstören. Warum du Erde, meine „Mutter Erde“, weinst du nicht öfters über all das, was Menschen dir antun?! Sie treiben Raubbau mit den Rohstoffen. Die Menschen, eigentlich Krone und König der Schöpfung, sind dabei, die vielen Schätze der Erde auszuplündern. Das, was Reichtum für Kinder und Kindeskinder sein sollte, wird aus bloßer Gier heraus verschleudert.
Aber mit seinem Lobpreis erinnert Franziskus an eine andere, glücklichere Zeit der „Mutter Erde“. Als sie fruchtbar war in einer unendlichen Vielzahl an Tieren, Pflanzen und Gesteinsformen. Doch die grüne Haut der Erde ist geplatzt, hat furchtbare Risse bekommen - durch den Frevel menschlichen Fehlverhaltens.
Fassungslos stehen heute viele Zeitgenossen vor dem Klimawandel, der Luftverschlechterung, dem Ozonloch, dem offensichtlichen Schwund an Tierwelt und Pflanzenwelt. Mitten in allem Fortschritt und Wohlstand sind wir ein gutes Stück weit bankrott geworden.
Nur wenn unser Herz noch an die gewaltige Kraft glauben kann, die von der Urgewalt der Erde, dieser guten Schöpfung, ausgehen kann, wird auch die Blume oder ein Baum Heilkraft für uns besitzen. Alle Wesen der Natur wollen unsere Freunde, nicht aber unsere Feinde sein.

Jürgen Benisch

Gelobt seist du, mein Herr,
durch jene, die aus Liebe zu dir
vergeben und Krankheit ertragen
und Drangsal.
Selig jene, die solches
ertragen in Frieden,
denn von dir, du Höchster,
werden sie einst gekrönt.

Glaube und Erbarmen

Nichts ist so niedrig, nichts so kläglich auf Erden, als ich mich fühle ohne dich. Wie hoch geht doch mein Streben, wie schwach doch ist die Kraft, die um Erbarmen bitten muss! Jene Kette reiche mir, o Herr, die jede Himmelsgabe an sich bindet: den Glauben, sage ich zu dem hin es mich drängt und spornt, den ganz und voll zu hegen eigene Schuld mir wehrt. Diese Gabe aller Gaben, so groß wie selten erscheint sie mir, umso größer, als ohne sie kein Friede und Genügen in der Welt ist. Der du mit deinem Blute nicht gegeizt hast, was nützt uns Geberhuld wenn zum Himmel jener andere Schlüssel uns fehlt, der Glaube!

Michelangelo Buonarroti

Gebete vor dem Kreuz

Höchster, glorreicher Gott,
erleuchte die Finsternis meines Herzens
und schenke mir rechten Glauben,
gefestigte Hoffnung
und vollendete Liebe.
Gib mir, Herr,
das rechte Empfinden und Erkennen,
damit ich deinen heiligen und
wahrhaften Auftrag erfülle.

Gebet des heiligen Franz
vor dem Kreuzbild von San Damiano

Mit Gott gehen

Gott des Himmels und der Erde,
mach uns frei
von Selbstsucht und Neid.
Gib deine Liebe
in unser Herz
und mach uns stark,
denn wir sind blinde Wanderer
im Dunkel der Nacht.

Rabindranath Tagore

Altirisches Kreuzgebet

Christi Kreuz auf dieser Stirn,
Christi Kreuz auf meinen Ohren,
Christi Kreuz auf meinen Augen,
Christi Kreuz auf meiner Nase,
Christi Kreuz auf diesem Mund,
Christi Kreuz auf dieser Brust,
Christi Kreuz auf meinen Armen,
Christi Kreuz auf meinen Beinen,
Christi Kreuz auf meinem Leib,
Christi Kreuz auf meinem Herzen.

Vom Scheitel herab bis zur Sohle vertraue ich alles
in jeder Gefahr dem Schutz deines Kreuzes an,
Christus.

Christi Kreuz sei vor mir, mich zu führen,
Christi Kreuz sei hinter mir, mich zu behüten.
Christi Kreuz hilf in den Höhen und auf den Höhen.

Christi Kreuz, komm mir vom Osten entgegen,
Christi Kreuz, mach mich vom Westen her stark,
Christi Kreuz, geleite mich allezeit im Norden und
Süden.

Christi Kreuz hoch am Himmel,
Christi Kreuz tief in der Erde,
schütz Leib und Seele vor Schaden und Unheil.

Christi Kreuz sei über mir, wenn ich sitze,
Christi Kreuz sei über mir, wenn ich liege,
Christi Kreuz sei meine ganze Stärke,
bis wir zum Allherrn des Himmels kommen.

Aus dem alten Irland

Aufwärts

Das Kreuz ist eine Last
von der Art, wie es Flügel
für die Vögel sind:
Sie tragen aufwärts.

Bernhard von Clairvaux

Schreib in den Sand, die Dich betrüben,
vergiss und schlafe darüber ein.
Und was Du in den Sand geschrieben,
das wird schon morgen nicht mehr sein.

Schreib in den Stein, was Du erfahren
an Freude, Fröhlichkeit und Glück.
Es bringt der Stein nach langen Jahren
Dir die Erinnerung zurück.

Schreib in Dein Herz all Deine Lieben
aus Nord und Süd und Ost und West.
Denn was Du in Dein Herz geschrieben,
das bleibt für alle Zeiten fest.

Volksweisheit

Im vorletzten Vers des „Sonnengesangs“ spricht Franziskus deutlich das menschliche Verhalten an. Zu den elementaren Lebenskräften, so wie Feuer, Wasser, Wind und Erde als natürliche Urgewalten auf den Menschen einwirken, gehört auch die Aussöhnung mit der gesamten Schöpfung. Der Naturmystiker aus Assisi wird immer mehr zum Gottesmystiker. Er spürt und ersehnt diese friedvolle Harmonie, den Frieden der ganzen Schöpfung, was die Bibel „Schalom“ nennt.
Nur, wer in seiner Geschöpflichkeit eingebettet bleibt in der göttlichen Ordnung, vermag in Heil und Heilung zu bleiben. „Vergebung“, „Geduld miteinander“, „Versöhnung mit der eigenen körperlichen oder seelischen Gebrechlichkeit“ - das sind für Franziskus die Vorboten und Anzeichen der neuen, e r l ö s t e n Welt Gottes.

Mit „Versöhnung“ meint dieser Heilige nicht ein bisschen „Entschuldigung“, sondern eine lebensumfassende Ausrichtung auf die neue Lebensordnung Gottes, in der alle in geistiger Liebe vereint miteinander leben können; selbst die instinktgesteuerten Lebewesen, die Tiere wie Schaf und Wolf, oder die Blumen, die anderen Gewächse, sogar die Steine und Sandkörner sollen zu dieser geschöpflichen Einheit finden.
Wer so lebt, findet zur Krönung, wird König unter Königen. Alle Natur erhält so eine unvergleichliche Adelung. Noblesse zieht in den Kosmos ein. Göttlicher Geist wird aller Schöpfung so zu eigen, dass sie anfängt, Spuren der Ewigkeit zu entfalten.
Und - in einer solch geheilten Schöpfung - hat selbst der größte Feind keine endgültige Macht mehr: der Tod.

Der heilige Franziskus hat das Lob der Schöpfung gesteigert. Er hat sich in den einzelnen Strophen des

Sonnengesangs mit seinem Dank an die einzelnen Elemente wie Licht, Dunkelheit, Wind, Feuer, Wasser und Erde entlang getastet an den verschiedenen Abschnitten des sechstägigen Schöpfungswerkes Gottes. Jetzt ist der „Sonnengesang" an seinem eigentlichen Ziel angekommen. Keine Macht der Erde mehr, selbst der Tod kann dieses Werk Gottes nicht gefährden und zum Einsturz bringen. Was denn könnte der Tod uns anhaben, wenn es nicht dem heiligsten Willen Gottes entsprechen würde? Genau genommen vermag der Tod über kein Geschöpf etwas, obwohl doch alle Lebewesen sterben müssen. Doch dem Tod steht der Wille des Schöpfers gegenüber; und dieser göttliche Wille will nichts anderes als das Leben; meinetwegen das neue, das, zweite Leben. Der „zweite Tod" hat keine Lebenskraft mehr.
So dringt Franz von Assisi immer mehr vor in die innerste Mitte dieser Schöpfung. Dieser Kern ist ein glühender, ist GOTT selber. Menschliche Klage ist nicht mehr, Dank und Lobpreis sind alles.

Jürgen Benisch

Gelobt seist du, mein Herr,
durch unseren Bruder,
den leiblichen Tod; ihm kann
kein lebender Mensch entrinnen.
Wehe jenen, die in schwerer
Sünde sterben.
Selig jene, die sich in deinem
heiligen Willen finden,
denn der zweite Tod
wird ihnen nichts Böses antun.

„Gelobt seist du durch unseren Bruder Tod ..." Da „durfte" er oder sie sterben, hat den Tod als Erlösung erfahren, Erlösung aus Schmerzen, Plagen und Dunkel. So sagen wir. Andererseits gehen Menschen ganz gefasst und bewusst ihren irdischen Weg zu Ende, im Einklang mit sich selbst und mit Gott. Sie erfahren im Leben, im Leiden und im Tod, wie Gott sie an der Hand nimmt und sie in das selige Leben hinüberbegleitet.

Die Kunst des guten Sterbens

Überlegungen zu einer solchen Kunst des guten Sterbens (lateinisch „ars bene moriendi") gab es vor einigen hundert Jahren im Mittelalter. Dies war auch notwendig. Denn der Mensch damals war durch die Geißeln „Pest, Hunger und Krieg" gefährdet. Ansteckende Krankheiten, Missernten und die ewigen Kriegereien führten zu massenhaftem Sterben. Viele

Menschen waren in ihrer letzten Stunde allein auf sich gestellt. Ohne Beistand starben sie und sahen sich den Mächten der Finsternis in der Stunde des Todes ausgesetzt. Sie erhofften sich Hilfe durch eine Art Leitfaden fürs gute Sterben. Wie „Jedermann“ wollte man gottwohlgefällig sterben und in die ewige Glückseligkeit eingehen.

Stehen wir heute besser da, wenn es ums Sterben und um den Tod geht oder sind wir in der Sterbestunde ebenfalls allein auf uns gestellt, umgeben von Apparaten? Brauchen wir ein Ritual, wenn wir um das eigene Seelenheil kämpfen? Unsere Vorfahren erkannten jedenfalls das Problem und suchten nach einer Hilfe. Sie wollten sich nicht auf Sprüche einlassen, wie: „Noch kein Verstorbener ist aus dem Totenreich zurückgekehrt. - Es gibt kein Jenseits. - Mach dir das Leben schön, es gibt kein Wiedersehn. - Schließe dich einem Selbsttötungs-Verein an.“

Die Kunst des guten Sterbens sollte man sich möglichst schon in jungen Jahren aneignen, um dann ohne Furcht vor einem plötzlichen Sterben durchs Leben gehen zu können und stets für die letzte Stunde bereit zu sein. Es geht damit auch um das entsprechende Leben, um für die Stunde des Abschieds bereit zu sein. „Eines Tages wird für jeden von uns die Sonne zum letzen Mal aufgehen. Schwester Licht, wär’ es wohl möglich, mich zu warnen, wenn mein letzter Tag anbricht? Aber am besten ist noch immer der evangelische Rat, jeden Tag so zu leben, als sei es der letzte oder, besser noch, als sei es immer der erste.“ *(Dom Helder Camara)*

Im Mittelalter hatte man den Himmel und die himmlischen Mächte vor dem inneren Auge, die dem

Sterbenden zu Hilfe eilen, ihm beistehen und ihn zum Ausharren im Glauben ermutigen. Denn die Versuchung im Glauben war die schlimmste Versuchung, die man sich vorstellen konnte. Wer in letzter Minute seinen Glauben auf Erden verlor, dessen Seele kam bestimmt nicht in den Himmel. Die Menschen lernten, auf Jesus, den Sohn Gottes zu blicken, auf Maria, auf den heiligen Josef, den Patron für eine gute Sterbestunde. Man versammelte um sich unzählige Heilige als Helfer im Leben und im Sterben. Sie alle sollten dem Sterbenden in der letzten Stunde Trost spenden und ihm sagen: „Sei stark im Glauben!“

Sie erinnerten sich an die Sünder, von denen auch die Heilige Schrift spricht. Ihnen allen wurde das göttliche Erbarmen zuteil: Der Apostel Petrus, der Jesus verleugnet hat. Dismas, der gute Schächer am Kreuz neben Jesus. Saulus, der zum Paulus wurde. Sie alle bezeugen: Christus ist in die Welt gekommen, um die Sünder zu retten.
Mit Blaise Pascal, dem Mathematiker und Philosophen (1623 - 1662) kann man beten: „Herr, ich bitte dich nicht um Gesundheit, nicht um Krankheit, nicht um Leben, nicht um Tod. Ich bitte aber: Nimm meine Gesundheit, meine Krankheit, mein Leben, meinen Tod in deine Hand!“ Im gläubigen Vertrauen schrieb der Dichter Eduard Mörike:

In Ihm sei's begonnen,
der Monde und Sonnen
an blauen Gezelten
des Himmels bewegt.
Du Vater, du rate!
Lenke du und wende!
Herr, dir in die Hände
sei Anfang und Ende.
Sei alles gelegt.

Liebe und Barmherzigkeit

Wo wahre Liebe und Weisheit ist,
da ist nicht Furcht noch Unwissenheit.

Wo die Armut mit der Fröhlichkeit ist,
da ist nicht Begierde noch Habsucht.

Wo die Stille mit dem Gedenken Gottes ist,
da ist nicht Unruhe noch Zerfahrenheit.

Wo die Barmherzigkeit und Klugheit ist,
da ist nicht Verschwendung noch Täuschung.

Franz von Assisi

Psalm der Trauer

Herr, ich fühle mich
wie ein versiegender Bach.
Die Strömung der Freude
ist von mir genommen.
Ich habe mein schimmerndes Lied verloren,
und die Wasser der Liebe finde ich
im trüben Rinnsal der Tage nicht mehr.

Auch die Blumen
haben sich andre Plätze gesucht,
und die Vögel kommen nicht mehr;
denn meinen Spiegel
hat die Tiefe an sich gerissen.

Stellvertretend eine Kerze

Ich stehe vor dem Kerzenständer
und zünde eine Kerze an,
schaue in ihr flackerndes Licht,
werde dabei still
und komme im Inneren zur Ruhe.

Der Körper legt langsam
die zuckende Hektik ab,
findet zur Ruhe der Gedanken
und zum Frieden des Herzens.
Mein Leben rückt in ein anderes Licht.

In der Stille
spricht der Herr leise zu mir:
"Du, mein lieber Sohn und meine liebe Tochter,
bist das Lichttt der Welt!"

Josef Danko

An meinen Ufern
rastet nur noch die Trauer
und sammelt Scherben
von dem entblößten Grund.

Herr, warum hast du die Glocke
des Himmels verstummen lassen
und das tröstliche Licht der Gestirne
für mich verdeckt?
Wann schickst du mir wieder
vom Berge lebendiges Wasser?
Wann wird es meine Leere durchfluten
und deinen Regenbogen
auf Wellen der Freude tragen?

Christa Peikert-Flaspöhler

Es wird überliefert, als Franziskus von Assisi (1182 - 1226) zum Sterben kam, da ließ er sich von den anderen Brüdern nackt auf die Erde legen. Und er ließ Asche über seinen nackten Leib streuen. Und der Sterbende stimmte den Lobpreis auf den höchsten Schöpfer an. Die alte Chronik fügt hinzu: So war Gott in Franziskus auf der Erde angekommen!

Jürgen Benisch

Lobt und preist meinen Herrn und erweist ihm Dank und dient ihm mit großer Demut.

Was von Gottes Liebe erkannt wurde, sollte auch in Dankbarkeit verbreitet und gepredigt werden. Franz von Assisi schlug eines Tages einem jungen Mönch vor, sie wollten in die Stadt gehen und dort den Leuten predigen.
So machten sie sich auf den Weg nach Assisi. Sie gingen dort über die Straßen und über den Marktplatz und unterhielten sich dabei über ihre geistlichen Erfahrungen und Erkenntnisse.
Erst als sie wieder auf dem Weg nach Hause waren, rief der junge Mönch erschrocken aus: „Aber Vater, wir haben ganz vergessen, den Leuten zu predigen!"
Franz von Assisi legte lächelnd die Hand auf die Schulter des jungen Mannes. „Wir haben die ganze Zeit nichts anderes getan", antwortete er. „Wir wurden beim Gang über den Markt beobachtet, und Teile unseres Gesprächs wurden mitgehört. Unsere Gesichter und unser Verhalten wurden gesehen. So haben wir gepredigt."
Dann fügte er hinzu: „Merke dir, es hat keinen Sinn, zu gehen, um zu predigen, wenn wir nicht beim Gehen predigen."

Sie strahlt wie die Sonne

Sonnenblume -
sie wendet ihr Gesicht der Sonne zu.
Sie hat die Form der Sonne,
die Strahlen der Sonne,
die Farben der Sonne.
Den Kopf trägt sie so hoch,
weil ihr „langer Hals" den Halt gibt.

Immerzu dreht sie ihr Gesicht
der Sonne zu.
Das ganze Feld macht da mit.

Im Herbst wir ihr Kopf schwer.
Da wandelt sich die Sonnenblume:
Es beginnt die Zeit der Körner,
der Leckerbissen für die Vögel
Sie ernten, wo sie nicht gesät haben.
Der Vater im Himmel weiß ja,
was sie brauchen.

Josef Danko

Farben in faszinierender Fülle.

Das Auge sieht in den Farben ein Zeichen
für die Vielfalt des Lebendigen.
Nur ungefähr lässt sich schätzen und ahnen
Auch die Zahl der Arten des Lebendigen
auf unserer Erde.
Ihre Formen und Farben begeistern
die Betrachter,
die sich Zeit nehmen, sie wahrzunehmen
und für sie ein Auge bewahrt haben:
das Gelb des Zitronenfalters im ersten Frühling,
das rote Kleid des verliebten Stichling-Männchens
im quirlenden Wasser,
der fast blauschwarze Glanz einer Krähenfeder
im Sonnenlicht,
der schwarz-weiße Frack der Elster,
die reflektierenden Augen einer Katze
im Licht der Scheinwerfer.
In seinem Lobpreis der Schöpfung bekennt
Vinzenz Pallotti:
„Gott hat uns Reichtum, Gold, Silber, Edelsteine
und kostbare Perlen gegeben,
damit wir nach dem ewigen Reichtum verlangen,
der Gott selber ist".
Die Farben in Gottes Schöpfung
sind Zeichen seiner Fülle,
uns geschenkt, dass wir uns an ihnen freuen
und IHM danken.

Josef Danko

Leben

Eine Hand voll Natur
Einen Atemzug Luft
Ein G0las voller Wasser
Ein Auge voller Sonne
Ein Herz voller Licht.
Was kann uns das Leben
Schöneres geben?

Anton Dosenberger

Der Tag glänzt auf den Gräsern

Herr unser Gott, wir loben und preisen Dich und beten Dich an.
Wir:
Das ist die Erde, das Wasser und der Himmel.
Das sind die Gräser, Sträucher und Bäume.
Das sind die Vögel und all das andere Getier.
Das sind die Menschen hier auf der Erde.
Alles, was Du erschaffen hast,
freut sich an Deiner Sonne
und Deinem Regen
und an Deiner Gnade
und wärmt sich daran auf.
Der Tag glänzt auf den Gräsern.
Der Nebel hängt noch in den Bäumen.
Dürfen wir uns nicht an allem freuen,
was Du geschaffen hast?
Wir wollen es.
Mach, dass die Stunden und Minuten
nicht in unseren Händen zerrinnen,
sondern dass wir in Deiner Zeit leben.
Amen.

Gebet aus Afrika

Überall ist er zu finden

Überall, wo ich Großes und Schönes sah, suchte ich Dich, mein Gott, und überall fand ich Dich. Alle Geschöpfe habe ich nach Dir gefragt, und alle antworteten: „Hier ist Er!" Im Schatten der Wälder bin ich Dir begegnet. Ich habe Dich im Blitz vorüberzucken gesehen, habe Dich im Dröhnen des Donners und im Toben des Gewitters vernommen, und mein Herz hat nicht gezittert, denn Du warst es. Mein Auge hat Dich entdeckt, wie Du das Hin und Her der Insekten leitest, und staunend hat mein Blick auf den Geheimnissen geruht, mit denen Deine Weisheit das Leben einer Blume erfüllt. Ich habe Dich im geheimen Arbeiten der Naturkräfte erspürt, und alles sagt in seiner Sprache: „Hier ist Er, der Herr des Himmels und der Erde!"

Aurelius Augustinus

Weltwunder

Im Unterricht sprach die Klasse über die sieben Weltwunder der antiken Zeit, 200 Jahre vor Christus zählte man zu den Weltwundern: die hängenden Gärten von Babylon, den Koloss von Rhodos, den Leuchtturm von Alexandria, die Pyramiden von Gizeh, das Mausoleum von Halikarnassos, die Zeusstatue des Phidias in Olympia und der Tempel der Artemis bei Ephesus. Nur noch die Pyramiden in Ägypten sind heute von diesen Weltwundern zu sehen. Die Lehrerin stellte anschließend die Aufgabe: „Schreibt einmal auf, was ihr heute als die sieben Weltwunder bezeichnen würdet!"

Die Kinder schrieben Vieles auf: die Große Chinesische Mauer; das Tadsch Mahal in Indien; die Golden-Gate-Brücke in San Francisco, das Märchenschloß Neuschwanstein, der Eiffelturm in Paris ...
Nur ein Mädchen hatte noch gar nichts aufgeschrieben. „Hast du Schwierigkeiten, die Liste zusammenzustellen?", fragte sie das Kind. „Ja", sagte das Mädchen. „Ich kann mich nicht entscheiden, weil es so viele Wunder gibt." - „Dann schreib doch einfach der Reihe nach auf, was dir einfällt", sagte die Lehrerin. Unter der Überschrift: „Die sieben Weltwunder" schrieb das Mädchen dann auf: „Sehen; Hören; Sprechen; Fühlen; Laufen; Lachen; Lieben."
Tatsächlich Weltwunder! Das Mädchen hatte ein Gespür für die wunderbaren Fähigkeiten, die uns für unseren Lebensweg gegeben sind. Allzu leicht sehen wir dieses alltägliche Geschenk des Himmels als normal an, das man übersieht und für das man nicht zu danken habe.

Eine überlieferte Geschichte von heute

Preist den Herrn, all ihr Werke des Herrn;
lobt und rühmt ihn in Ewigkeit!

Preist den Herrn, Feuer und Glut;
preist den Herrn, Frost und Hitze!

Preist den Herrn, Tau und Schnee;
preist den Herrn, Eis und Kälte!

Preist den Herrn, Rauhreif und Schnee;
preist den Herrn, ihr Blitze und Wolken!

Preist den Herrn, ihr Nächte und Tage;
preist den Herrn, Licht und Dunkel!

Die Erde preise den Herrn;
sie lobe und rühme ihn in Ewigkeit!

Preist den Herrn, ihr Berge und Hügel;
preist den Herrn, all ihr Gewächse auf Erden!

Preist den Herrn, ihr Meere und Flüsse;
preist den Herrn, ihr Quellen!

Preist den Herrn, ihr Tiere des Meeres
und alles, was sich regt im Wasser;
preist den Herrn, all ihr Vögel am Himmel!

Preist den Herrn, ihr Menschen!
lobt und rühmt ihn in Ewigkeit!

*Dan 3, 57.66a.67a.68a.69a.70a.73a.71a.
72a.74.75a.76a.78a.77a.79a.80a.82*

Kostbar ist das Schauen

Ich habe immer gefunden, dass es ein Segen wäre, wenn jeder Mensch in früher Jugend ein paar Tage blind und taub sein könnte. Die Dunkelheit würde ihm zeigen, wie kostbar das Schauen ist, die Stille ihn lehren, sich an Lauten zu freuen.

Helen Keller

Das erfragte ich unter den Menschen
als gewaltigstes Wunder:
Als Erde nicht war noch hoher Himmel,
noch Baum noch Berg nicht war,
noch Sonne nicht schien noch Stern,
noch Mond nicht leuchtete
noch das mächtige Meer,
als nirgends nichts war aller Enden und Wenden:
das war der eine allmächtige Gott,
der Herren mildester;
bei ihm viele Geister voll Herrlichkeit.
Doch eher als sie war der heilige Gott.

Allmächtiger Gott,
Der du Himmel und Erde geschaffen
und den Menschen viel Gutes gegeben hast,
verleihe mir in deiner Huld den rechten Glauben,
gewähre mir Weisheit und Klugheit und Kraft,
dem Verderber zu widerstehn,
das Böse zu meiden
und deinen Willen zu vollbringen. Amen.

Wessobrunner Gebet, 8. Jh.

Gott, jedes Ding, das von Dir erschaffen und erhalten wird, und das Du mir zum Gebrauch für meine zeitlichen Bedürfnisse gibst, all das muss ich nennen Geschenk Deiner unendlichen Barmherzigkeit.
Auch die Luft, die ich atme, und die Erde, die mich trägt, ich muss sie nennen Luft und Erde Deiner unendlichen Barmherzigkeit.

Hl. Vinzenz Pallotti

Jeder
ist in Wahrheit nur,
was er vor Gott ist.

Franz von Assisi

Lobgebet des heiligen Franziskus

1
Du bist der heilige Herr, der alleinige Gott,
„der du Wunderwerke vollbringst“ (Ps 76,15).

2
Du bist der Starke. Du bist der Große (vgl. Ps 85,10).
Du bist der Erhabenste. Du bist mächtig, du „heiliger Vater,
König des Himmels und der Erde“ (vgl. Joh 17,11; Mt 11,25).

3
Du bist der dreifaltige und eine Herr,
Gott aller Götter (vgl. Ps 135,2).
Du bist das Gute, jegliches Gut, das höchste Gut,
der Herr, der lebendige und wahre Gott (vgl. 1 Thess 1,9).

4
Du bist die Liebe, die Minne.
Du bist die Weisheit.
Du bist die Demut.
„Du bist die Geduld“ (Ps 70,5).
Du bist die Schönheit.
Du bist die Milde.
Du bist die Sicherheit.
Du bist die Ruhe.
Du bist unsere Hoffnung.

Du bist die Freude und Fröhlichkeit (vgl. Ps 50,10).
Du bist die Gerechtigkeit.
Du bist das Maßhalten.
Du bist all unser Reichtum zur Genüge.

5
Du bist die Schönheit.
Du bist die Milde.
„Du bist der Beschützer“ (Ps 30,5).
Du bist der Wächter und Verteidiger.
Du bist die Stärke (vgl. Ps 42,2).
Du bist die Zuflucht.

6
Du bist unsere Hoffnung.
Du bist unser Glaube.
Du bist unsere Liebe.
Du bist unsere ganze Wonne.
Du bist unser ewiges Leben:
großer und wunderbarer Herr,
allmächtiger Gott, barmherziger Retter.

Franz von Assisi

Der Segen der heiligen Klara für die heilige Agnes von Prag

1.
Im Namen des Vaters und des Sohnes und des Heiligen Geistes. Amen.

2.
Der Herr segne Dich und behüte Dich.

3.
Er zeige Dir sein Angesicht und erbarme sich Deiner.

4.
Er wende Dir sein Antlitz zu und schenke Dir den Frieden, meine Schwester und meine Tochter Agnes

5.
Ich, Klara, eine Dienerin unseres Herrn Christi, eine Pflanze unseres hochseligen Vaters, des heiligen Franziskus, Deine und der anderen Armen Schwestern Schwester und Mutter, obschon eine unwürdige,

6.
bitte unseren Herrn Jesus Christus durch seine Barmherzigkeit und durch die Fürsprache seiner heiligsten Mutter Maria, des heiligen Fürstengels, des heiligen Michael, und aller Heiligen Gottes, unseres seligen Vaters, des heiligen Franziskus, und aller seiner Heiligen beiderlei Geschlechts,

7.
der himmlische Vater gebe und bestätige Dir im Himmel und auf Erden diesen seinen allerheiligsten Segen

8.
auf Erden mehre er an Dir seine Gnaden und Tugenden unter seinen Dienern und Dienerinnen in der streitenden Christenheit,

9.
im Himmel erhöhe und ehre er Dich in der triumphierenden Christenheit beziehungsweise in der Schar seiner Heiligen.

10.
Ich segne Dich in meinem Leben und nach meinem Tode, soviel ich vermag und mehr als ich vermag, mit all den Segnungen,

11.
mit denen der Vater der Barmherzigkeit seine Söhne und Töchter im Himmel und auf Erden gesegnet hat und noch segnen wird,

12.
und mit denen ein geistlicher Vater und eine geistliche Mutter ihre geistlichen Söhne und Töchter gesegnet haben und noch segnen werden. Amen.

13.
Allezeit liebe ich Deine und aller Deiner Schwestern Seele.

14.
Ich bitte Dich, Du mögest das mit Fleiß bewahren, was Du dem Herrn gelobt hast.

15.
Unser Herr sei mit Dir zu allen Zeiten, und gebe Gott, dass Du allezeit in ihm seiest. Amen.

W*o wahre Liebe und Weisheit ist*

da ist nicht Furcht noch Unwissenheit.

Wo die Armut mit der Fröhlichkeit ist,
da ist nicht Begierde noch Habsucht.

Wo die Stille mit dem Gedenken Gottes ist,
da ist nicht Unruhe noch Zerfahrenheit.

Wo die Barmherzigkeit und Klugheit ist,
da ist nicht Verschwendung noch Täuschung.

Franz von Assisi

Tu erst das Notwendige,

dann das Mögliche,

und plötzlich schaffst du

das Unmögliche.

Franz von Assisi

Texte und Bilder

Bibeltexte aus : Einheitsübersetzung der Heiligen Schrift,

Farbfotos auf den Seiten 21, 29:
Foto Bahnmüller, Geretsried-Gelting

Andere Farbfotos: Josef Danko, Hersberg-Immenstaad

Titelbild, Gestaltung u. Foto S. 81:
Atelier Lehmacher, Friedberg

Arno Dähling, „Der goldene Sommer krönt das Jahr", in:
Arno Dähling, Spiegelbilder. Gedichte durch die Jahreszeiten.
Don Bosco 2006.

„Lass die Sonne in den Herz." Text: Bert Meinunger. Gesang:
„Gruppe WIND"

Das Gebet „Lobpreis Gottes" ist ein von Franziskus im Jahr
1224 eigenhändig verfasstes Dokument. Auf der Rückseite
des Pergaments steht ein Segenswunsch für Bruder Leo.

Das Gebet auf Seite 3: Aus einem Text Frankreich
1912/1914.
Vielfach dem heiligen Franziskus zugeschrieben

Pfr. Jürgen Benisch, Helmbrechts

P. Josef Danko SAC, Hersberg-Immenstaad. Alle nicht
gezeichneten Texte

P. Anton Dosenberger SAC, Friedberg (+)

Emma Elisabeth Frey. Aschaffenburg (+)

Angelika Pandoka, Diessen a. Ammersee

Christa Peikert-Flaspöhler, Osnabrück

P. Heinz Perne SAC, Olpe

Pallotti-Verlag Friedberg

Josef Danko (Hrsg.), **Geführt vom Stern. Von Advent bis Weihnachten.**

114 Seiten Paperback, 6 Farbbilder und Zeichnungen, Paperback,
€ 7,90
ISBN 3-87614-065-x

Unterwegssein und sich führen lassen vom Stern - 25 Tage von Advent bis Heilig Abend und 13 Tage von Weihnachten bis Dreikönig (Epiphanie). Ein Weg der Besinnung und Vertiefung, des Innehaltens und des Aufbaus. Eine anregende Lektüre für die besinnliche Zeit.

Josef Danko
Mitverantwortung aller. Jüngerschule mit Vinzenz Pallotti.

130 Seiten, mit Zeichnungen von Ottmar Hiller, Paperback, € 5.--
ISBN 3-87614-063-3

Leicht umsetzbare Hilfen bietet das Buch "Mitverantwortung aller" für den Glauben – das ist das große Anliegen der Kirche. Der heilige Vinzenz Pallotti (1795 – 1850) hat alle eingeladen, diese apostolische Aufgabe zu leben und mitzutragen. Die Themen dieses Buches orientieren sich an Vinzenz Pallotti. Sie bieten Hilfen für Gemeinden, Gruppen und Einzelne zur Gestaltung des Lebens aus dem Glauben und Impulse, wie die Apostel tätig zu sein.

Josef Danko, **Kreuzweg**

Mit Bildern der Wallfahrtskirche Herrgottsruh in Friedberg
76 Seiten, 14 Kreuzwegbilder, € 4.--
ISBN 3-87614-067-6

14 Stationen des Kreuzwegs mit allen Texten für das Beten in Gemeinschaft und das persönliche Beten. Die Farbbilder der 14 Stationen sind vom Kreuzweg der Herrgottsruhkirche in Friedberg genommen.
Ein kleines handliches Büchlein zum bequemen Mitnehmen und privaten oder gemeinsamen Beten.

Lebensweisheit in sonnigen Geschichten

Echte Lebensweisheit ist überzeitlich und findet sich - in abgewandelter Form - in den Texten vieler Kulturen. Kommt die Weisheit dann für uns in einer anderen Einkleidung daher, kann sie geradezu als neu gehört werden. Da fragte Friedrich Wilhelm IV. von Preußen bei einem Besuch der Bonner Sternwarte den Astronomen Friedrich W. Argelander: „Was gibt es Neues am Himmel?“ Der Gelehrte antwortete ihm mit einem leichten Lächeln: „Kennen Eure Majestät eigentlich schon das Alte?“

Lebt die Kirche noch?

Diese Frage dieser „Wandergeschichte“ stellte sich wohl auch der heilige Franziskus. Hatte er doch im Traum die Weisung erhalten, die kleine Kirche San Damiano wieder aufzubauen, die schon ganz zerfallen war. Er nahm diese Botschaft an und begann, die Kirche zu renovieren. Plötzlich wurde für ihn mehr daraus, und eine andere Aufbauarbeit folgte aus dieser Maurerarbeit.

So erzählt eine Geschichte von einem neuen Pfarrer, der am ersten Sonntag eine völlig leere Kirche vorfand, in der er predigen wollte. Am zweiten Sonntag war es genauso. Und als der Pfarrer an den Werktagen seine

Gemeindeglieder besuchte, um vielleicht die Gleichgültigkeit zu überwinden, erging es ihm nicht besser. „Die Kirche bei uns ist tot“ sagte man ihm, „es besteht keine Hoffnung auf Wiederbelebung.“
In der nächsten Woche stand für die Gemeinde überraschend eine Anzeige in der Zeitung. Sie war in Form einer Todesanzeige gehalten. Sie lautete: „Mit dem Ausdruck tiefsten Bedauerns und mit Zustimmung seiner Gemeinde meldet der neue Pfarrer zu N, den Tod seiner Gemeinde. Eine Trauer- und Gedächtnisfeier findet am Sonntagmorgen um 11 Uhr statt. Die Bewohner sind hiermit herzlichst eingeladen, an diesem letzten Akt ihrer Dorfkirche teilzunehmen.“

Die Zeitungsanzeige verbreitete sich wie eine Sensation. Die Ansichten hierüber waren verschieden: Einige Leute meinten, es sei weiter nichts als die Geschwätzigkeit des neuen Pfarrers; andere glaubten, der Pfarrer sei nicht ganz klar bei Verstand, dass er so etwas veröffentliche. Was aber auch immer geredet wurde, eines war sicher: Die Zeitungsanzeige hatte erreicht, was sie erreichen sollte. Am Sonntag früh um zehn Uhr erlebte der kleine Ort eine wahre Invasion von Menschen. Um halb elf Uhr war die bis dahin verachtete und stark verschmutzte Kirche gedrängt voll.

Als ich - so erzählt der Berichterstatter - die Kirche betrat, sah ich vor dem Altar einen Sarg, der auf einer Bahre stand. Es war ein schlichter Eichensarg, mit einem vergoldeten Kreuz geschmückt. Die Kirche mit den verschmutzten Fenstern wirkte melancholisch und bedrückend.

Im krassen Gegensatz zu diesem düsteren Hintergrund stand der Sarg im goldenen Sonnenlicht. Da einige Dachziegel fehlten, konnten die Sonnenstrahlen mühelos durch das Netz von Spinnengeweben im Dachstuhl hindurchdringen. Pünktlich um elf Uhr bestieg der Pfarrer die Kanzel. Nachdem er einen Augenblick mit gesenktem Haupt in stillem Gebet verweilt hatte, begann er zu sprechen: „Meine Freunde, bevor wir mit unserer Trauerfeier beginnen, möchte ich eine Bitte äußern: Ich habe nicht die Absicht, auswärtigen Kirchgängern den Zutritt zu dieser Kirche zu wehren, aber bei dieser einzigen Gelegenheit bitte ich alle, die nicht in unserer Gemeinde wohnen, das Gotteshaus zu verlassen und draußen zu warten, um unseren Gemeindemitgliedern Platz zu gewähren."

Einige Augenblicke herrschte tiefes Schweigen, dann erhoben sich viele der Anwesenden und verließen die Kirche. Auch der Pfarrer ging hinaus, und wir hörten, wie er die eigenen Gemeindeglieder, die keinen Platz gefunden hatten, einlud, hereinzukommen. Sie kamen in Scharen. Alle Plätze waren besetzt, und auch in den Gängen stand man dichtgedrängt beieinander.

„Meine Freunde", begann der Pfarrer, „ich hoffe, dies ist das erste und letzte Mal gewesen, dass ich vor auswärtigen Kirchgängern die Türen dieser Kirche schließe; aber ich war der Meinung, dass das, was ich Ihnen heute zu sagen habe, eine private Angelegenheit sei, nur für unsere kleine Gemeinde bestimmt."
Nun sprach der Pfarrer weiter. „Sie haben es mir in den letzten Tagen klargemacht, dass Sie ernstlich davon überzeugt sind, unsere Kirche sei tot. Sie haben auch keinerlei Hoffnung auf Wiederbelebung. Ich möchte nun diese Ihre Meinung auf die letzte Probe stellen. Bitte, gehen Sie alle, einer nach dem anderen, an diesem Sarg vorüber, und sehen Sie sich den Toten an; dann verlassen Sie die Kirche durch das Ostportal!"
Alle Augen waren auf den Sarg gerichtet. Der Pfarrer

fuhr fort: „Danach werde ich die Trauerfeier allein beschließen. Sollten aber einige von Ihnen ihre Absicht ändern und wären auch noch so wenige unter Ihnen der Meinung, eine Wiederbelebung der Kirche sei vielleicht doch noch möglich, dann bitte ich diese, durch das Nordportal wieder hereinzukommen. Statt der Trauerfeier würde ich dann einen Dankgottesdienst halten."

Ein bedrückendes Schweigen folgte diesen Worten. Der Pfarrer trat an den Sarg und öffnete ihn. Einer der letzten in der Prozession war ich, und so hatte ich Zeit genug, darüber nachzudenken: „Was ist eigentlich die Kirche, woraus besteht sie? Wer wird wohl in dem Sarg liegen? Wird es vielleicht ein Bild des gekreuzigten Heilands sein? Aber nein, das kann nicht sein; denn auf den Tod des Herrn ist ja die Kirche gegründet. Lebt denn die Kirche überhaupt? Und wenn sie lebt, kann sie sterben?" Ähnliche Gedanken hatten vielleicht meine Nachbarn, denn ich merkte, dass uns ein Schaudern und Gruseln überkam, je mehr wir uns dem Sarg näherten. Dazu erschreckte uns ein schrilles Knarren und Quietschen: das Nordportal drehte sich in seinen verrosteten Angeln, herein trat eine kaum zu zählende Schar.

Und nun war es soweit, dass auch ich die tote Kirche sehen sollte. Unwillkürlich schloss ich die Augen, als ich mich über den Sarg beugte. Als ich die Augen öffnete, sah ich nicht die ganze Kirche kalt und leblos im Sarg liegen, sondern nur - eines ihrer toten Glieder: Ich sah mich selbst - im Spiegel.